LEARNING GUIDE FOR

《会计学基础》

学习指导

ACCOUNTING
FUNDAMENTALS

主 编　王建刚　周萍华

副主编　王德礼　张一平　裴丽娅

经济管理出版社

ECONOMY & MANAGEMENT PUBLISHING HOUSE

图书在版编目(CIP)数据

《会计学基础》学习指导/王建刚,周萍华主编．
—北京:经济管理出版社,2007
ISBN 978－7－80207－590－0

Ⅰ．会... Ⅱ.①王...②周... Ⅲ．会计学－自学
参考资料 Ⅳ.F230

中国版本图书馆 CIP 数据核字(2006)第 042628 号

出版发行:经济管理出版社

北京市海淀区北蜂窝 8 号中雅大厦 11 层

电话:(010)51915602 邮编:100038

印刷:北京银祥印刷厂 经销:新华书店

选题策划:胡翠平 技术编辑:杨 玲

责任编辑:张魁峰 胡翠平 责任校对:张晓艳

| 787mm×960mm/16 | 15.75 印张 | 208 千字 |

2006 年 5 月第 1 版 2007 年 3 月第 2 次印刷

印数:7001－10000 册 定价:28.00 元

书号:ISBN 978－7－80207－590－0/F・506

前　言

本书是作为《会计学基础》(王建刚、周萍华主编,经济管理出版社2006年2月版)配套学习用书编写的,适合在校生使用,也可以作为教师的参考用书。

在经济管理学科体系中,会计学占有重要地位,是经济管理各专业的核心课程之一。通过本课程的学习,可以明确会计的含义、职能和任务;了解会计学科体系和会计产生、发展的历史;弄清会计人员的职责、权限;掌握会计的基本理论和基本方法;锻炼应用基本理论和方法的能力。本课程内容具有较强的理论性、技术性和实践性。因而学习本课程的基本要求是:在着重掌握基本理论和基本方法的同时,注意理论联系实际,加强基本技能训练,增强动手能力,努力培养分析问题和解决问题的能力。

学习本门课程一方面应着重理解会计概念、职能、对象和任务,特别是记账方法和会计核算形式,这是学习会计的基础理论和基本方法、学好会计课程的前提;另一方面要注意将会计理论与会计实践有机结合。会计是一门理论与实践并重的课程,因而学习中必须注意掌握好会计基本理论,以正确的会计理论指导会计实践,同时,通过会计实践加深对基础理论的认识,不仅知其然,而且知其所以然。本书与《会计学基础》的分章体例完全一致,每章内容相应为学习目的、要求及重点内容,重要概念及复习思考题,自测练习题及参考答案。书中还提供了5套模拟试卷及其参考答案以及学习本课程的阅读参考书目。

本书由王建刚、周萍华任主编,王德礼、张一平、裘丽娅任副主编。王建刚、周萍华提出编写大纲,并对全书初稿进行了修改与总纂,各章撰写的分工如下：王建刚执笔第一章；丁和平执笔第二章；张丽英执笔第三章；裴丽娅执笔第四章；田园执笔第五章；刘锦妹执笔第六章；李宏执笔第七章；周萍华执笔第八章；孙明执笔第九章；王德礼执笔第十章；张一平执笔第十一章；程昔武执笔第十二章；张一平执笔模拟试卷及参考答案。甘亚蓉、石怀旺、高利芳、陈玲、方盈、周显协助主编进行了初稿的核对。

　　编写这样一本学习指导用书，是作者根据多年来的教学实践所做的一次新的尝试。如通过使用本书对读者学习本课程有所帮助，我们将十分高兴。由于水平有限，缺点在所难免，敬请读者不吝指正。

王建刚　周萍华

2006 年 4 月

目 录

第一章 总 论

一、学习目的和要求

本章阐述会计的基本理论问题。通过本章学习,在了解会计本质的基础上,着重理解会计的职能和特点及会计对象;掌握会计核算的基本前提和会计信息质量要求这两个会计理论问题,熟悉会计核算方法的组成内容和相互联系。

二、重点内容

(一)会计基本概念

会计是经济管理的重要组成部分。它是以货币计量为基本形式,运用专门的方法,对经济活动进行核算和监督的一种管理活动。

会计的本质——是一种管理活动。

（二）会计的职能

1. 核算职能

会计核算贯穿于经济活动的全过程。从核算的时间过程看,它既包括事后的核算,也包括事前、事中的核算;从核算的内容看,它既包括记账、算账、报账,又包括预测、分析和考核;从会计工作的现状看,会计核算的职能主要是从数量方面综合反映企业单位已经发生或已经完成的各项经济活动,即事后核算。

2. 监督职能

会计的监督职能是对经济活动的合理性、合法性和有效性进行事前、事中和事后的有效控制。

会计的核算和监督职能是密切相关、不可分割的。如果会计管理没有可靠、充分、完整的会计核算资料,监督就失去了客观依据,监督就不可能顺利进行,甚至就不能进行。因此,核算是监督的基础。反之,如果没有科学、严格的会计监督,核算的真正作用就难以发挥,核算过程和结果的准确性、真实性以及合法性、合理性就得不到保证。因此,监督又是核算的继续。

（三）会计的特点

(1)货币计量为基本形式。
(2)会计核算具有完整性、连续性和系统性。

（四）会计的对象

会计的对象是指会计核算和监督的内容,即通过价值形式表现的有关社会再生产过程中的生产、交换、分配、消费等方面的经济活动。

各企业单位在社会再生产过程中的活动有许多共同之处,并且需要通过各种价值形式来进行核算。为了便于计量、记录和报告,以及适应不同会计主体要求,还要利用会计要素的形式,使会计对象更加具体化。只有通过会计要素,才能使会计对象和会计凭证、账簿、报表具体联系起来,使会计信息更好地反映会计主体经营活动的特点。

(五)会计的目标

我国《企业会计准则》规定:财务会计报告的目标是向财务会计报告使用者提供与企业财务状况、经营成果和现金流量等有关的会计信息,反映企业管理层受托责任履行情况,有助于财务会计报告使用者作出经济决策。

(六)会计核算的基本前提

1. 会 计 主 体

会计主体是指会计核算服务的对象或者说是会计人员进行核算(确认、计量、报告)和监督的特定单位。会计主体可以是一个企业,也可以是由若干家企业组成的集团公司。会计主体与企业法人不同。会计主体是对会计核算和监督进行空间活动范围的界定。

我国《企业会计准则——基本准则》第五条:企业应当对其本身发生的交易或者事项进行会计确认、计量和报告。

2. 持 续 经 营

持续经营是指会计核算应当以企业持续、正常的生产经营活动为前提,而不考虑企业是否将破产清算。它明确了会计工作的时间范围。这一前提使会计原则建立在非清算基础之上,为解决常见的资产计价和收益确定提供了基础。

我国《企业会计准则——基本准则》第六条:企业会计确认、计量和报告应当以持续经营为前提。

3. 会 计 分 期

会计分期是指把企业持续不断的生产经营过程人为地划分为间隔相等、首尾相接的会计时段,每一时段为一会计期间,以便分期结算账目和编制会计报表。会计期间主要指会计年度。会计年度确定后,再确定半年度、会计季度和会计月份。

我国《企业会计准则——基本准则》第七条:企业应当划分会计期间,分期结算账目和编制财务会计报告。会计期间分为年度和中期。中期是指短于一个完整的会计年度的报告期间。

4. 货 币 计 量

货币计量是指会计主体在会计核算过程中采用货币作为主要计量单位,综合反映会计主体的经营情况。采用货币计量时,还必须确定记账本位币。并假定货币本身的价值稳定不变,或者变动的幅度不大。

我国《企业会计准则——基本准则》第八条:企业会计应当以货币计量。

5. 权 责 发 生 制

权责发生制原则是指企业对收入和费用的确认应当以权责发生制为基础。凡是当期已经实现的收入和已经发生或应当负担的费用,不论款项是否收付,都应当作为当期的收入和费用;凡是不属于当期的收入和费用,即使款项已在当期收付,也不应当作为当期的收入和费用。与权责发生制相对应的是收付实现制。

我国《企业会计准则——基本准则》第九条:企业应当以权责发生制为基础进行会计确认、计量和报告。

(七)会计信息质量要求

1. 客 观 性

客观性是指企业应当以实际发生的交易或者事项为依据进行会计确认、计量和报告,如实反映符合确认和计量要求的各项会计要素及其他相关信息,保证会计信息真实可靠、内容完整。

2. 相 关 性

企业提供的会计信息应当与财务会计报告使用者的经济决策需要相关,有助于财务会计报告使用者对企业过去、现在或者未来的情况作出评价或者预测。会计信息的相关性取决于其预测价值和反馈价值。

3. 明晰性

明晰性是指企业提供的会计信息应当清晰明了,便于财务会计报告使用者理解和使用。

4. 可比性

可比性是指企业提供的会计信息应当相互可比。它包括:同一企业不同时期发生的相同或者相似的交易或者事项,应当采用一致的会计政策,不得随意变更。确需变更的,应当在附注中说明(同一企业不同时期会计信息的纵向可比);不同企业发生的相同或者相似的交易或者事项,应当采用规定的会计政策,确保会计信息口径一致、相互可比(两个企业之间会计信息的横向可比)。

5. 实质重于形式

实质是指交易或事项的经济实质,形式是指会计核算依据的法律形式。实质重于形式是指企业应当按照交易或者事项的经济实质进行会计确认、计量和报告,不应仅以交易或者事项的法律形式为依据。

6. 重要性

重要性是指企业提供的会计信息应当反映与企业财务状况、经营成果和现金流量等有关的所有重要交易或者事项。重要性根据会计人员的职业判断确定。确定的标准通常有两个方面:质的方面,提供的会计信息对决策者的决策有影响;量的方面,某一交易或事项的数量占该类数量的较大的比例。

7. 谨慎性

谨慎性是指企业对交易或者事项进行会计确认、计量和报告应当保持应有的谨慎,不应高估资产或者收益,低估负债或者费用。

8. 及时性

及时性是指企业对于已经发生的交易或者事项,应当及时进行会计确认、计量和报告,不得提前或者延后。

(八)会计核算方法

会计核算方法是对会计对象进行连续、系统、全面地记录、计算、反映和日常监督所运用的方法。具体包括设置账户、复式记账、填制和审核凭证、登记账簿、成本计算、财产清查、编制会计报表等7种方法。这些方法相互联系、密切配合,组成一个完整的体系。

在每项经济业务发生以后,首先要根据国家的有关方针、政策和财经法规、制度审核,并按照规定的手续和格式填制记账凭证,然后根据复式记账的原理,在按照规定的会计科目设置的账户中登记账簿;其次,对生产经营活动中所发生的需要进行归集的费用,按照一定标准和对象进行归集,从而计算出成本;再次,要定期进行财产清查,确保财产物资的安全、完整和账实相符;最后,在保证账实、账账、账证相符的基础上,根据有关账簿记录编制会计报表。

重要概念及复习思考题

一、重要概念

1. 会计 　　　　　2. 会计核算 　　　　　3. 会计监督

4. 会计对象 　　　5. 会计主体 　　　　　6. 持续经营

7. 会计分期 　　　8. 货币计量 　　　　　9. 权责发生制

10. 相关性 　　　　11. 可比性 　　　　　12. 实质重于形式

13. 谨慎性 　　　　14. 会计核算方法 　　15. 填制和审核凭证

16. 登记账簿 　　　17. 编制会计报表

二、复习思考题

1. 什么是会计目标？我国《企业会计准则》中提出的会计的目标主要有哪些方面？

2. 会计的职能有哪些？它们之间有哪些关系？

3. 如何理解会计核算的基本前提？它包括哪些内容？

4. 什么是货币计量？我国对记账本位币的规定有哪些？

5. 权责发生制和收付实现制的区别主要有哪些？

6. 会计信息质量的要求包括哪些内容？

7. 什么是谨慎性？哪些具体会计方法体现了谨慎性的要求？

8. 什么是会计核算方法？包括哪些具体方法？它们之间存在哪些关系？

自测练习题及参考答案

一、单项选择题

1. 会计是一种（　　）。

　　A. 经济监督的工具　　　　　　B. 管理生产与耗费的工具

　　C. 生财、聚财、用财的方法　　D. 管理经济的活动

2. 会计的基本职能是（　　）。

　　A. 核算和监督　　　　　　　　B. 分析和调节

　　C. 预测和决策　　　　　　　　D. 核算和分析

3. 会计主要采用的计量尺度是（　　）。

　　A. 货币量度　　　　　　　　　B. 实物量度

　　C. 劳动量度　　　　　　　　　D. 以上都不是

4. 会计对象是指社会再生产过程中的（　　　）。

    A. 全部经济活动

    B. 供应过程、生产过程、销售过程中的经济活动

    C. 生产过程中的经济活动

    D. 能以货币表现的经济活动

5. 会计核算上所使用的折旧、递延等会计方法，都是建立在下列哪一
   基础上的（　　　）。

    A. 会计主体　　　　　　　　　B. 权责发生制

    C. 持续经营　　　　　　　　　D. 货币计量

6. 界定了会计核算和监督空间范围的是（　　　）。

    A. 持续经营　　　　　　　　　B. 会计主体

    C. 会计分期　　　　　　　　　D. 货币计量

7. 在权责发生制下，下列项目中属于当期收入的有（　　　）。

    A. 预收下期产品销售货款　　　B. 产品销售货款尚未收到

    C. 预付下期商品货款　　　　　D. 以银行存款支付当期费用

8. 不同企业发生的相同或者相似的交易或者事项应当采用规定的会
   计政策，符合的是（　　　）。

    A. 可比性原则　　　　　　　　B. 重要性原则

    C. 谨慎性原则　　　　　　　　D. 相关性原则

9. 从核算效益看，对所有会计事项不分轻重主次和繁简详略，采取完
   全相同方法，不符合（　　　）。

    A. 明晰性　　　　　　　　　　B. 重要性

    C. 相关性　　　　　　　　　　D. 谨慎性

10. 我国《企业会计准则》规定：企业采用的确定收入和费用归属期的
    基础是（　　　）。

     A. 永续盘存制　　　　　　　　B. 实地盘存制

     C. 权责发生制　　　　　　　　D. 收付实现制

11. 企业应当以实际发生的交易或者事项为依据进行会计确认、计量

和报告,如实反映符合确认和计量要求的各项会计要素及其他相关信息。符合的是(　　)。

A. 客观性　　　　　　　　　　B. 明晰性

C. 相关性　　　　　　　　　　D. 重要性

12. 企业提供的会计信息应当与财务会计报告使用者的经济决策需要相关,有助于财务会计报告使用者对企业过去、现在或者未来的情况作出评价或者预测。符合的是(　　)。

A. 谨慎性　　　　　　　　　　B. 可比性

C. 相关性　　　　　　　　　　D. 及时性

二、多项选择题

1. 会计的基本职能包括(　　)。

A. 分析　　　　　　　　　　　B. 核算

C. 监督　　　　　　　　　　　D. 管理

2. 下列各项中,属于会计特点的是(　　)。

A. 会计的本质是一种管理活动

B. 会计以实物计量为基本形式

C. 会计以货币计量为基本形式

D. 会计核算具有完整性、连续性和系统性

3. 会计采用的计量尺度包括(　　)。

A. 货币计量　　　　　　　　　B. 实物计量

C. 劳动计量　　　　　　　　　D. 时间计量

4. 会计主体可以是(　　)。

A. 独立法人　　　　　　　　　B. 非法人

C. 企业中的某一特定部分　　　D. 企业集团

5. 关于会计对象,下列说法正确的有(　　)。

A. 是企业的全部经济活动　　　B. 能以货币表现的经济活动

C. 资金运动　　　　　　　　　D. 能以实物计量的经济活动

6. 下列方法中,符合谨慎性要求的有(　　)。

　　　A. 对应收账款计提坏账准备　　　B. 固定资产的加速折旧法

　　　C. 固定资产直线折旧法　　　　　D. 无形资产平均年限摊销法

7. 下列各项中属于会计核算方法的有（　　　）。

　　　A. 复式记账　　　　　　　　　B. 填制会计凭证

　　　C. 登记账簿　　　　　　　　　D. 编制会计报表

8. 下列项目中属于我国会计信息质量要求的有（　　　）。

　　　A. 客观性　　　　　　　　　　B. 实质重于形式

　　　C. 持续经营　　　　　　　　　D. 重要性

9. 下列各项中,可作为会计中期的是（　　　）。

　　　A. 旬　　　　　B. 月度　　　　　C. 季度　　　　　D. 半年度

10. 一个会计循环包括（　　　）。

　　　A. 填制和审核凭证　　　　　　B. 登记账簿

　　　C. 财务分析　　　　　　　　　D. 编制报表

三、判断题

1. 会计对象应包括社会经济活动的所有方面。（　　　）

2. 根据会计核算的基本特征,货币计量是会计核算工作的惟一计量单位。（　　　）

3. 会计的职能有两个:一是核算,二是监督。（　　　）

4. 重要性原则是指在会计核算中,对于重要事项,足以影响报表使用者作出决策的,应分别核算,重点说明;而对于次要事项,则可以不说明。（　　　）

5. 实质重于形式是指企业在会计核算时,应以法律的要求重于经济业务的内容为前提。（　　　）

6. 法律主体均可作为会计主体,会计主体不一定是法律主体。（　　　）

7. 相关性要求企业的财务会计报告提供通用的会计信息,而并不要求企业财务会计报告提供的信息满足所有使用者的所有需要。（　　　）

8. 根据《会计法》,我国境内企业必须以人民币作为记账本位币进行会

计核算。（　　）

9. 会计核算上所使用的一系列会计原则和会计处理方法都是建立在会计主体持续经营前提的基础上的。（　　）

10. 谨慎性要求不仅要核算可能发生的收入，也要核算可能发生的费用和损失，以对未来的风险进行充分核算。（　　）

11. 某一会计事项是否具有重要性，很大程度取决于会计人员的职业判断。所以对于同一会计事项，在某一企业具有重要性，在另一企业则不一定具有重要性。（　　）

12. 可比性要求企业采用的会计处理方法和程序前后各期应当一致，不得随意变更。（　　）

13. 以款项收付是否应计入本期为标准来确定本期的收入和费用的方法称为权责发生制。（　　）

14. 在我国，业务收支以人民币以外的货币为主的单位，可以选定任意一种货币作为记账本位币。（　　）

15. 为贯彻谨慎性，企业只有在收到货币资金时才能确认商品销售收入。（　　）

16. 可比性是以客观性为基础的，而要满足客观性则不一定能满足可比性的要求。（　　）

17. 现代会计方法通常包括会计核算方法、会计分析方法、会计检查方法等多种方法。其中会计核算方法是最基本、最主要的方法。（　　）

四、练习题

一、目的：练习权责发生制确认收入和费用归属期的核算。

二、资料：某企业 6 月份发生下列业务：

1. 销售产品一批，货款 70000 元，存入银行。

2. 销售产品一批，货款 30000 元，尚未收到。

3. 用银行存款 12000 元，预付下半年房屋租金。

4. 收到购货单位预付货款 15000 元，存入银行。

5. 以银行存款支付本月各项费用 20000 元。

三、要求：根据以上资料，分别按权责发生制和收付实现制填下表。

	权责发生制	收付实现制
收入		
费用		
利润		

参考答案

一、单项选择题

1. D	2. A	3. A	4. D
5. C	6. B	7. B	8. A
9. B	10. C	11. A	12. C

二、多项选择题

1. B、C	2. C、D	3. A、B、C	4. A、B、C、D
5. B、C	6. A、B	7. A、B、C、D	8. A、B、D
9. B、C、D	10. A、B、D		

三、判断题

1. ×	2. ×	3. √	4. ×
5. ×	6. √	7. √	8. ×
9. √	10. ×	11. √	12. √
13. √	14. ×	15. ×	16. √
17. √			

第二章 会计确认与计量

一、学习目的和要求

通过本章学习,在了解会计确认的含义及标准和会计计量模式的基础上,熟悉会计报表项目的确认和会计要素计量;掌握主要会计要素的确认、会计科目和会计基本计量方法。

二、重点内容

(一)会计确认

1. 会计确认的含义及标准

会计确认是指会计人员运用职业判断,按一定规范辨认和确定特定会计主体中发生的经济业务是否可以转化为特定会计期间的会计信息,以及确定其所属的会计类别的过程。它主要包括对经济业务的初始确认和编制会计报表时的再确认。会计初始确认主要指对经济业务所属会计科目的确认;会计再确认主要指对会计报告中的报表项目、注释项目、分析说明项目的确认,是会计信息加工过程的最终确认。

(1)基本确认标准:可用货币计量;符合会计要素的定义和特征;以权责发生制为确认的时间基础。

(2)补充确认标准:真实性;合法性;相关性。

2. 会计报表项目的确认

资产的确认:是指企业过去的交易或者事项形成的、由企业拥有或者控制的、预期会给企业带来经济利益的资源。

负债的确认:是指企业过去的交易或者事项形成的、预期会导致经济利益流出企业的现时义务。

所有者权益的确认:是指企业资产扣除负债后,由所有者享有的剩余权益。

收入的确认:是指企业在日常活动中形成的、会导致所有者权益增加的、与所有者投入资本无关的经济利益的总流入。

费用的确认:是指企业在日常活动中发生的、会导致所有者权益减少的、与向所有者分配利润无关的经济利益的总流出。

利润的确认:是指企业在一定会计期间的经营成果,包括收入减去费用后的净额、直接计入当期利润的利得和损失等。

3. 会计科目

是对会计要素进一步分类的项目。会计科目按级次可分为总分类科目和明细分类科目。

4. 主要会计要素的确认

(二)会计计量

1. 会计计量模式

(1)会计计量模式和属性。

　　历史成本计量属性：在历史成本计量下，资产按照购置时支付的现金或者现金等价物的金额，或者按照购置资产时所付出的对价的公允价值计量。负债按照因承担现时义务而实际收到的款项或者资产的金额，或者承担现时义务的合同金额，或者按照日常活动中为偿还负债预期需要支付的现金或者现金等价物的金额计量。

　　重置成本：在重置成本计量下，资产按照现在购买相同或者相似资产所需支付的现金或者现金等价物的金额计量。负债按照现在偿付该项债务所需支付的现金或者现金等价物的金额计量。

　　可变现净值：在可变现净值计量下，资产按照其正常对外销售所能收到现金或者现金等价物的金额扣减该资产至完工时估计将要发生的成本、估计的销售费用以及相关税费后的金额计量。

　　现值：在现值计量下，资产按照预计从其持续使用和最终处置中所产生的未来净现金流入量的折现金额计量。负债按照预计期限内需要偿还的未来净现金流出量的折现金额计量。

　　公允价值：在公允价值计量下，资产和负债按照在公平交易中，熟悉情况的交易双方自愿进行资产交换或者债务清偿的金额计量。

　　(2)会计计量尺度：货币计量基准尺度的确定；记账本位币的确定；货币计量单位的确定。

　　(3)会计计量模式。

　　2. 会计基本计量方法

　　(1)平均法。

　　简单平均法，也称算术平均法：是以个体金额之和除以个体数得出平均额的一种计算方法。

　　加权平均法：是个体金额之和除以个体数量（权重）之和得出平均额的一种计算方法。

　　移动加权平均法：是指本次收货的成本加原有库存存货的成本，除以本次收入数量加库存数量计算的加权平均单价，并以此对发出存货计价的一种做法。

平均法的扩展应用：用一定金额的费用或其他待分配项目在不同对象、不同期间分配的会计计量方法。

（2）比率法。

相关比率：是用于计算部分与总体关系、投入与产出关系之外具有相关关系的指标的比率，反映有关经济活动间的相互联系。

效率比率：是用于计量某项经济活动中所费与所得的比例，反映投入与产出的关系。

结构比率：是用于计量某项经济指标的各个组成部分占总体的比重。

3. 会计要素计量

（1）资产的计量：资产入账价值的计量；资产持有价值的计量；资产耗用价值的计量。

（2）负债的计量：负债入账价值的计量；负债账面价值的计量。

（3）所有者权益的计量：货币资本保全观；一般购买力资本保全观；实物资本保全观。

（4）收益的计量。

重要概念及复习思考题

一、重要概念

1. 会计确认	2. 会计计量	3. 会计科目
4. 资产	5. 负债	6. 所有者权益
7. 收入	8. 费用	9. 利润
10. 流动资产	11. 非流动资产	12. 货币资金
13. 存货	14. 坏账准备	15. 应收账款

16. 应收票据　　　17. 原材料　　　　18. 库存商品

19. 材料成本差异　20. 短期投资　　　21. 长期股权投资

22. 固定资产　　　23. 累计折旧　　　24. 无形资产

25. 流动负债　　　26. 短期借款　　　27. 应付票据

28. 应交税金　　　29. 预提费用　　　30. 长期负债

31. 应付债券　　　32. 实收资本　　　33. 资本公积

34. 盈余公积　　　35. 本年利润　　　36. 利润分配

37. 主营业务收入　38. 主营业务成本　39. 主营业务税金及附加

40. 管理费用　　　41. 财务费用　　　42. 历史成本

43. 重置成本　　　44. 可变现净值　　45. 现值

46. 公允价值　　　47. 加权平均法　　48. 比率法

49. 结构比率

二、复习思考题

1. 什么是会计确认？如何界定和确认会计要素的内容？

2. 什么是会计计量？会计计量属性包括哪些内容？具体定义是什么？

3. 会计要素包括哪些内容？有哪些分类？它们之间存在什么样的关系？

4. 会计确认的标准有哪些？

5. 流动资产包括哪些内容？

6. 非流动资产的内容是什么？

7. 流动负债包括哪些内容？

8. 所有者权益具体内容有哪些？

9. 收入、费用和利润是如何确认的？

10. 请简述会计基本计量方法。

自测练习题及参考答案

一、单项选择题

1. 以下项目中,不属于其他应付款核算范围的有(　　)。

    A. 收取其他单位的保证金　　　　B. 应付租入包装物的租金

    C. 应付职工统筹退休金　　　　　D. 预计应付利息

2. 以下项目中,不属于期间费用的是(　　)。

    A. 制造费用　　　　　　　　　　B. 财务费用

    C. 营业费用　　　　　　　　　　D. 管理费用

3. 以下项目中,不通过应付工资科目核算的是(　　)。

    A. 医务福利人员工资　　　　　　B. 在建工程人员工资

    C. 工会人员工资　　　　　　　　D. 退休人员退休费

4. 企业的未分配利润属于(　　)。

    A. 所有者权益　　　　　　　　　B. 资产

    C. 长期借款　　　　　　　　　　D. 流动负债

5. 下列项目中属于负债的有(　　)。

    A. 预付账款　　　　　　　　　　B. 待摊费用

    C. 职工暂借的差旅费　　　　　　D. 预提费用

6. 下列项目中,不属于流动负债项目的是(　　)。

    A. 应付利润　　　　　　　　　　B. 预提费用

    C. 应付债券　　　　　　　　　　D. 应交税金

7. 应由本期负担,但尚未支付的银行短期借款利息应计入(　　)。

    A. 待摊费用　　　　　　　　　　B. 制造费用

    C. 预提费用　　　　　　　　　　D. 管理费用

8. 所有者权益是指投资者对企业(　　)的所有权。

    A. 收益　　　　　　　　　　　　B. 净利润

C. 净资产　　　　　　　　　　　D. 资产

9. 通过"累计折旧"账户对"固定资产"账户进行调整后,可以反映固定资产的(　　)。

   A. 重置价值　　　　　　　　　　B. 净值

   C. 原始价值　　　　　　　　　　D. 转移价值

10. "应收账款"账户期初借方余额为5000元,本期借方发生额为3000元,本期贷方发生额为9000元,该账户的期末余额为(　　)。

   A. 借方余额11000元　　　　　　B. 贷方余额7000元

   C. 借方余额1000元　　　　　　　D. 贷方余额1000元

11. 为反映企业固定资产的(　　),应设置"固定资产"账户。

   A. 净值　　　　　　　　　　　　B. 磨损价值

   C. 原始价值　　　　　　　　　　D. 累计折旧

12. 某企业因采购商品开出5个月期限的商业汇票。票据的票面价值为5万元,票面利率为12%,该票据到期时,企业应支付的价款为(　　)。

   A. 50000元　　　　　　　　　　B. 50300元

   C. 50400元　　　　　　　　　　D. 52500元

13. 某企业购入一台设备,价款15万元,购买时支付运杂费1000元、相关税费28000元,发生安装调试费1万元。则该设备的入账价值为(　　)。

   A. 188000元　　　　　　　　　　B. 161000元

   C. 150000元　　　　　　　　　　D. 189000元

14. "坏账准备"账户按经济内容分类属于(　　)账户。

   A. 资产　　　　　　　　　　　　B. 负债

   C. 所有者权益　　　　　　　　　D. 损益

二、多项选择题

1. 企业的负债可以用(　　)来偿还。

   A. 商品　　　　　　　　　　　　B. 提供劳务

　　　　C. 举新债　　　　　　　　　　　D. 货币

2. 收入可以表现为（　　　）。

　　　　A. 资产增加　　　　　　　　　　B. 资产减少

　　　　C. 负债增加　　　　　　　　　　D. 负债减少

3. 下列各项中，属于反映企业经营成果的会计要素有（　　　）。

　　　　A. 收入　　　　　　　　　　　　B. 费用

　　　　C. 利润　　　　　　　　　　　　D. 资产

4. 以下经济业务中，可能导致一项负债减少的有（　　　）。

　　　　A. 负债增加　　　　　　　　　　B. 资产减少

　　　　C. 资产增加　　　　　　　　　　D. 所有者权益增加

5. 下列要素中，属于资产负债表要素的是（　　　）。

　　　　A. 费用　　　　　　　　　　　　B. 收入

　　　　C. 所有者权益　　　　　　　　　D. 资产

6. 以下经济业务中，必然导致所有者权益增加的有（　　　）。

　　　　A. 利润形成　　　　　　　　　　B. 取得收入

　　　　C. 公积金转增资本　　　　　　　D. 接受投资

7. 以下属于会计确认的有（　　　）。

　　　　A. 确定可否用货币计量　　　　　B. 确定企业本期折旧额

　　　　C. 确定会计科目　　　　　　　　D. 确定经济业务的会计期间

8. 现行会计制度允许列入管理费用的税金有（　　　）。

　　　　A. 房产税　　　　　　　　　　　B. 印花税

　　　　C. 车船使用税　　　　　　　　　D. 土地使用税

9. 以下可能成为原材料对应科目的有（　　　）。

　　　　A. 本年利润　　　　　　　　　　B. 其他业务支出

　　　　C. 盈余公积　　　　　　　　　　D. 在建工程

10. 下列各项中，不引起所有者权益总额发生变化的有（　　　）。

　　　　A. 从净利润中提取盈余公积　　　B. 盈余公积弥补亏损

　　　　C. 盈余公积转增资本　　　　　　D. 资本公积转增资本

11. 下列项目中属于负债的有( )。

A. 预付账款 B. 预收账款

C. 其他应收款 D. 预提费用

12. 下列属于反映企业财务状况的会计要素有( )。

A. 资产 B. 负债

C. 所有者权益 D. 收入

三、判断题

1. 资产是一种经济资源,具体表现为具有各种实物形态的财产。( )

2. 企业内部各部门存放的供周转使用的现金不应在"现金"科目核算。( )

3. 预提费用是指先计入成本或损益而后支付的费用。( )

4. "利润分配"科目和"所得税"科目同属损益类科目。( )

5. 会计确认是会计计量、会计记录、会计报告的共同基础。( )

6. 无论相关费用的大小,收入总能增加所有者权益。( )

7. 企业产生一项负债的同时,一般会产生一项资产。( )

8. 能与"本年利润"科目发生对应关系的科目有"主营业务收入"、"盈余公积"和"所得税"科目。( )

四、练习题

练习一

一、资料:

1. 企业收到投入者投入的资本 150 万元存入银行。

2. 企业本月取得商品销售收入 280 万元。

3. 企业按面值购入某工厂同日发行的债券 20 万元,拟于 6 个月后售出。

4. 以银行存款支付管理费用 5 万元。

5. 期末企业计算出应付投资者现金红利 10 万元入账。

6. 企业归还银行期限为 6 个月的借款 50 万元。

7. 企业向甲工厂投资 35 万元。

8. 年末按净利润的 10％提取法定盈余公积 10 万元。

9. 提取现金后,直接发放职工工资 25 万元。

10. 收回上月销售货款 8 万元。

二、要求:根据以上经济业务,分类填入下列各项(金额单位:万元):

资产权益同增＝　　　　　　资产权益同减＝

资产有增有减＝　　　　　　权益有增有减＝

练习二

一、资料:

1. 某单位 1 月 31 日资产和权益状况如下(单位:元):

固定资产	45000	原材料	26000
应交税金	2000	应收账款	2900
银行存款	18000	实收资本	482000
本年利润	11000	现金	100
应付账款	4000	短期借款	9000
库存商品	6000	其他应收款	200
生产成本	4800		

2. 该单位 2 月份发生下列经济业务:

(1)从银行存款中提取现金 500 元。

(2)财务科以现金预借给采购员差旅费 1000 元。

(3)以银行存款交纳上月欠缴的税金 1500 元。

(4)从外单位购入材料 10000 元,货款尚未支付。

(5)上级投入新机器一台,作为对本单位的投资,价值 55000 元。

(6)向银行借入短期借款 50000 元,存入银行。

(7)以银行存款偿还外单位的货款 15000 元(包括上月所欠 7000 元和本月所欠 8000 元)。

(8)生产车间领用材料10000元,全部投入产品生产。

(9)收到某单位还来上月所欠货款30000元,存入银行。

(10)以银行存款归还银行短期借款50000元。

二、要求:

1. 根据资料1,分清资产、负债、所有者权益,编制1月末的资产和权益平衡表。

2. 根据资料2,分清负债、所有者权益,编制2月末的资产和权益平衡表。

会计科目	资　产	权　益	
		负债	所有者权益
固定资产			
应交税金			
银行存款			

练习三

一、资料:某单位1月31日的资产、负债、所有者权益状况如下:

单位:元

顺序	项　　目	资产	权　益	
			负债	所有者权益
1	生产车床用的机床设备　100000			
2	生产车间厂房　　　　　300000			
3	运输卡车　　　　　　　80000			

顺序	项　　目		资产	权　益	
				负债	所有者权益
4	正在装配中的车床	150000			
5	已完工入库的车床	30000			
6	库存钢材及其他材料	120000			
7	购入钢材的未付款项	30000			
8	尚未交纳的税金	10000			
9	出租包装物收取的押金	1500			
10	采购员预借的差旅费	2000			
11	国家投入的资本	1000000			
12	本月实现的利润	70000			
13	计划部用的计算机	4000			
14	银行短期借款	50000			
15	库存润滑油	2300			
16	股东投入的资本	400000			
17	存在银行的款项	12000			
18	外商投入的资本	100000			
19	财会部门库存现金	800			
20	库存生产用煤	10000			
21	仓库用房屋	70000			
22	应付食堂的代扣伙食费	3500			
23	应收某单位的货款	55000			
24	提取的应付福利费	2000			
	合　　计				

二、要求:

1. 根据上述项目内容,区分资产、负债、所有者权益,并分别计算资产、负债、所有者权益金额合计数。

2. 分别写出上述各项目所适合的会计科目。

参考答案

一、单项选择题

1. D	2. A	3. D	4. A
5. D	6. C	7. C	8. C
9. B	10. D	11. C	12. D
13. D	14. A		

二、多项选择题

1. A、B、C、D	2. A、D	3. A、B、C	4. A、B、D
5. C、D	6. B、D	7. A、C、D	8. A、B、C、D
9. B、D	10. A、B、C、D	11. B、D	12. A、B、C

三、判断题

1. ×	2. √	3. √	4. ×
5. √	6. √	7. ×	8. ×

第三章 会计记录

一、学习目的和要求

通过本章学习,掌握会计基本等式以及经济业务发生后对会计基本等式的影响;掌握设置账户的意义以及账户的基本结构;了解记账方法的种类及复式记账的特点,掌握借贷记账法的基本内容;了解会计循环的基本步骤;熟悉原始凭证和记账凭证的种类、填制要求及审核;了解会计凭证的传递和保管;熟悉会计账簿的分类、各种账簿的设置和登记;掌握账簿的登记和使用规则以及错账的更正规则;熟悉对账和结账的内容;熟悉各种记账程序的特点以及记账凭证、记账程序和科目汇总表记账程序的具体步骤;掌握试算平衡表的编制方法;掌握权责发生制下的账项调整。

二、重点内容

(一)会计基本等式

1. 会计基本等式

资产＝负债＋所有者权益

它明确反映了资产、负债、所有者权益这三个基本会计要素之间的数量关系,是会计上的一个重要基础理论,同时它也是设置账户、复式记账和编制资产负债表的理论依据。

2. 经济业务类型及其对会计基本等式的影响

经济业务的发生会使企业的资产和权益发生变化。企业的经济业务可以归纳为以下四大类别:资产增加,资产减少;资产增加,权益增加;资产减少,权益减少;权益增加,权益减少。由于权益又可分为负债和所有者权益,上述四大类别的经济业务又可以细分为九种情况。无论发生何种经济业务都不会破坏"资产＝负债＋所有者权益"这一等式。

(二)账户及其基本结构

账户是根据会计科目设置的、具有一定格式和结构,用于分类反映会计要素增减变动情况及其结果的载体。

账户的结构分为两个基本部分,划分为左右两部分,以一方登记增加额,另一方登记减少额。在账户中究竟哪一方记录增加数,哪一方记录减少数,则取决于所采用的记账方法和各账户所要记录的经济内容(即账户的性质)。

账户要依附于账簿开设,每一个账户只表现为账簿中的某张或某些账页。

在账户中记录的金额的关系可以用下列等式表示：

期末余额＝期初余额＋本期增加额－本期减少额

(三)复式记账原理

复式记账法是在每一项经济业务发生后,用相等的金额在相互关联的两个或两个以上的账户中进行登记,以反映会计要素增减变动情况的记账方法。

借贷记账法是以"借"、"贷"为记账符号,运用复式记账原理来记录经济活动情况的一种复式记账方法。

在借贷记账法中,任何账户都分为借方和贷方两个基本部分。通常左边是借方,右边是贷方。增加数和减少数应分别记入哪一方,要根据各个账户所反映的经济内容,即它的性质决定。借贷记账法下账户结构如下:

借方	账户名称(会计科目)	贷方
资产、成本、费用增加数 负债、所有者权益、收入减少数		资产、成本、费用减少数 负债、所有者权益、收入增加数
资产、成本期末余额		负债、所有者权益期末余额

借贷记账法的记账规则是:有借必有贷,借贷必相等。

为了保证账户对应关系的正确性,登账前应先编制会计分录,然后据以登账。会计分录就是标明每项经济业务应记账户的名称、方向和金额的记录。在实际工作中,会计分录是通过编制记账凭证来完成的。

(四)会计凭证

会计循环是指企业在一个会计期间内,从业务发生编审凭证开始到编制会计报表为止,财务会计人员运用一定的方法所完成的一系列会计处理程序。

　　会计凭证是用来证明经济业务发生、明确经济责任的书面证明。按用途不同,会计凭证可分为原始凭证和记账凭证两类。会计循环始于编制用于证实经济业务已经发生的原始凭证。

　　原始凭证是记录经济业务已经发生、执行或完成,作为记账原始依据的最初书面证明。原始凭证按其来源不同,可分为外来原始凭证和自制原始凭证;按其填制手续不同可以分为一次凭证、累计凭证和汇总原始凭证。

　　记账凭证是由会计人员根据审核无误的原始凭证编制用以作为记账直接依据的会计凭证。主要的记账凭证有收款凭证、付款凭证、转账凭证等。收款凭证是用于记录现金和银行存款的收款业务的凭证;付款凭证是用于记录现金和银行存款的付款业务的凭证;转账凭证是用于记录不涉及现金和银行存款收付的转账业务的凭证。为避免重复记账,对于现金和银行存款之间的相互划转业务,只编制付款凭证,不编制收款凭证。

　　企业应按照《会计基础工作规范》有关规定填制和审核会计凭证。

(五)过账与记账程序

　　过账是指根据记账凭证(会计分录)中所确定的账户名称、借贷方向和入账金额,分别记入有关总分类账、明细分类账及日记账的过程。

1.账簿

　　账簿是根据会计凭证,用来序时地、分类地记录和反映各项经济业务的会计簿籍。它是由具有专门格式,又以一定形式联系在一起的账页所组成的。

　　账簿按其用途不同,可分为序时账簿(日记账)、分类账簿和备查账簿三种。分类账簿又分为总分类账簿和明细分类账簿。

　　日记账是由出纳人员根据审核无误的收款凭证和付款凭证逐日逐笔登记的,一般采用三栏式格式。日记账主要有现金日记账和银行存款日记账。

　　总分类账大多采用三栏式格式。总分类账的登记方法按采用的记账程序不同而有所不同。可以根据记账凭证登记,也可以根据汇总记账凭证,或科目汇总表,或多栏式日记账登记。

　　明细账的格式一般采用三栏式、数量金额式、多栏式等格式,可以根据记账凭证、原始凭证或原始凭证汇总表进行登记。

　　总账对所属明细账起着统驭控制作用,明细账对总账起着补充说明作用。在会计核算中要采用平行登记的方法。

　　会计人员应当根据审核无误的会计凭证登记账簿。登记账簿要遵循《会计基础工作规范》的有关规定。账簿中的记录错误,必须根据错误的具体情况,相应采用正确的方法予以更正。更正错账的方法有划线更正法、红字更正法、补充登记法等。企业还应定期进行结账和对账工作。

2. 记账程序

　　记账程序又称会计核算形式、会计核算组织程序或账务处理程序,是指在会计核算中,以账簿体系为核心,把会计凭证、会计账簿和会计报表,按照一定的记账程序和方法,相互结合的方式。目前我国企业采用的记账程序主要有:记账凭证记账程序、科目汇总表(记账凭证汇总表)记账程序、汇总记账凭证记账程序和多栏式日记账记账程序等。各种记账程序的主要区别在于登记总账的依据和方法不同。

(六)试算平衡

　　根据会计等式的平衡关系,利用借贷记账规则的原理,通过汇总、计算和比较来检查账户记录的正确性与完整性,这项工作称为试算平衡。试算平衡可以采用发生额试算平衡或余额试算平衡的方法。

　　发生额试算平衡是根据借贷记账法的记账规则推导出来的。用公式表示为:

　　全部账户借方发生额合计＝全部账户贷方发生额合计

　　余额试算平衡是根据会计等式的平衡关系得出的。用公式表示为:

　　全部账户借方余额合计＝全部账户贷方余额合计

(七)权责发生制下的账项调整

　　权责发生制和收付实现制是会计确认的两种不同的时间基础。权责发生制又称应计制,是指以权利或责任是否发生为确认的标准。账项调整就是指按照应予归属的标准,合理地反映相互连接的各会计期间应得的收入和应负担的费用,使各期的收入和费用能在相关的基础上进行配比,从而比较正确地计算出各期的盈亏。账项调整主要包括应计收入的调整、应计费用的调整、预收收入的分配、预付费用的摊销等。

重要概念及复习思考题

一、重要概念

1. 会计基本等式　　　　2. 账户　　　　　　　3. 借贷记账法

4. 账户对应关系　　　　5. 会计分录　　　　　6. 会计循环

7. 会计凭证　　　　　　8. 原始凭证　　　　　9. 记账凭证

10. 账簿　　　　　　　 11. 日记账　　　　　 12. 总分类账

13. 明细分类账　　　　 14. 平行登记　　　　 15. 对账

16. 结账　　　　　　　 17. 记账程序　　　　 18. 试算平衡

19. 账项调整

二、复习思考题

1. 什么是会计基本等式? 它反映了什么? 有什么作用?

2. 经济业务有哪几种类型? 经济业务发生引起的会计要素变化是否会影响会计基本等式的平衡关系? 为什么?

3. 什么是账户? 账户的基本结构是怎样的?

4. 什么是复式记账法？它有什么特点？

5. 什么是借贷记账法？试述借贷记账法的基本内容。

6. 什么是会计分录？如何编制会计分录？

7. 什么是会计循环？会计循环的基本步骤有哪些？

8. 原始凭证有哪些种类？填制原始凭证应遵循哪些要求？如何审核原始凭证？

9. 记账凭证有哪些种类？填制记账凭证应遵循哪些要求？如何审核记账凭证？收款凭证、付款凭证、转账凭证的填制方法是怎样的？

10. 什么是账簿？账簿按用途分为哪几类？

11. 试述日记账、总分类账和明细分类账的格式和登记方法。

12. 试述账簿的登记和使用规则。

13. 什么是平行登记？其规则是什么？

14. 更正错账的方法有哪几种？各种方法的特点和适用范围是什么？

15. 什么是对账？对账工作包括哪些内容？

16. 什么是结账？结账工作包括哪些内容？

17. 什么是记账程序？其意义是什么？

18. 记账程序有哪几种？各自的特点是什么？优缺点及适用范围怎样？

19. 什么是试算平衡？如何进行试算平衡？

20. 什么是账项调整？为什么要进行账项调整？其内容包括哪些？

自测练习题及参考答案

一、单项选择题

1. 当一笔经济业务只涉及资产一方有关项目之间的金额发生增减变化，会计恒等式两边的总金额（　　　）。

　　A. 同增　　　　　　　　　　　B. 同减

C. 不增不减　　　　　　　　　　D. 一边增加,一边减少

2. 费用账户期末一般(　　)。

A. 有借方余额　　　　　　　　　B. 有贷方余额

C. 有借方或贷方余额　　　　　　D. 无余额

3. 在借贷记账法下,借方表示(　　)。

A. 资产的增加和负债的减少　　　B. 负债的增加和资产的减少

C. 收入的增加和负债的减少　　　D. 利润和所有者权益的增加

4. 在实际工作中,会计分录一般填写在(　　)上。

A. 原始凭证　　　　　　　　　　B. 记账凭证

C. 账簿　　　　　　　　　　　　D. 会计报表

5. 把账户分为借贷两方,哪一方记增加数,哪一方记减少数,取决于(　　)。

A. 记账规则　　　　　　　　　　B. 记账形式

C. 核算方法　　　　　　　　　　D. 账户反映的经济内容

6. 借贷记账法下所有账户本期借方发生额之和等于本期贷方发生额之和的平衡是由(　　)。

A. 借贷记账法的记账规则决定的

B. 会计基本等式决定的

C. 复式记账法决定的

D. 平行登记法决定的

7. 将会计凭证划分为原始凭证和记账凭证两大类的依据是(　　)。

A. 填制的时间　　　　　　　　　B. 填制的方法

C. 填制的程序和用途　　　　　　D. 凭证所反映的经济内容

8. 在采用收款凭证、付款凭证和转账凭证的情况下,涉及现金和银行存款之间的划转业务,按规定(　　)。

A. 只填收款凭证　　　　　　　　B. 只填付款凭证

C. 只填转账凭证　　　　　　　　D. 既填收款凭证又填付款凭证

9. 在结账之前,如果发现账簿记录有错误,而记账凭证填制正确,更正

时可用(　　)。

　　A. 红字更正法　　　　　　　　B. 划线更正法

　　C. 补充登记法　　　　　　　　D. 更换账页法

10. 在下列账簿中,需要进行日清月结的是(　　)。

　　A. 总分类账　　　　　　　　　B. 明细分类账

　　C. 日记账　　　　　　　　　　D. 订本账

11. 企业结账的时间应为(　　)。

　　A. 每项经济业务终了时　　　　B. 一定会计期间终了时

　　C. 会计报表编制完成之后　　　 D. 每一个工作日终了时

12. 某同志报销费用提供的发票有开出单位发票专用章,无税务监制章,会计人员应(　　)。

　　A. 不予受理

　　B. 编制记账凭证入账

　　C. 予以退回,要求经办人员更正

　　D. 予以扣留

13. 引起资产内部一个项目增加,另一个项目减少,而资产总额不变的经济业务是(　　)。

　　A. 用银行存款偿还短期借款　　 B. 收到投资者投入的机器一台

　　C. 收到外单位还来前欠货款　　 D. 收到销售产品收入

14. 以下账户中,借方登记增加额的是(　　)。

　　A. 生产成本　　　　　　　　　B. 预收账款

　　C. 预提费用　　　　　　　　　D. 资本公积

15. 科目汇总表记账程序下登记总账的依据是(　　)。

　　A. 科目汇总表　　　　　　　　B. 汇总记账凭证

　　C. 记账凭证　　　　　　　　　D. 原始凭证

16. 会计账簿组织和记账步骤相互结合的方式称为(　　)。

　　A. 会计核算前提　　　　　　　B. 会计核算形式

　　C. 会计核算方法　　　　　　　D. 会计核算原则

17. 各种会计核算组织程序的主要区别在于（　　）。

A. 日记账的格式不同　　　　　B. 填列记账凭证的程序不同

C. 登记明细账的依据不同　　　D. 登记总账的依据和方法不同

18. 会计人员在审核原始凭证过程中，对于违反制度和法令的一切收支，按规定应（　　）。

A. 据以编制记账凭证

B. 拒绝执行并向本单位领导报告

C. 向上级机关反映

D. 退回出具单位要求补办手续

19. 会计账簿在会计核算中居于重要地位，是会计核算的（　　）。

A. 首要环节　　　　　　　　　B. 基础环节

C. 中间环节　　　　　　　　　D. 最终环节

20. 期末账项调整分录在性质上属于（　　）。

A. 会计确认　　　　　　　　　B. 会计计量

C. 会计记录　　　　　　　　　D. 会计报告

二、多项选择题

1. 下列经济业务中，可以引起所有者权益总额减少的是（　　）。

A. 以低于成本价销售产品　　　B. 用盈余公积转增资本

C. 交纳所欠税金　　　　　　　D. 宣布发放现金股利

2. 以下账户中，借方登记本期减少发生额的账户有（　　）。

A. 资产类账户　　　　　　　　B. 负债类账户

C. 收入类账户　　　　　　　　D. 费用类账户

3. 会计分录必须具备的要素包括（　　）。

A. 记账方向　　　　　　　　　B. 记账科目

C. 记账金额　　　　　　　　　D. 签名盖章

4. 以下账户中期末余额肯定在借方的有（　　）。

A. 应收账款　　　　　　　　　B. 原材料

C. 营业费用　　　　　　　　　D. 固定资产

5. 以下账户中,贷方登记增加发生额的账户有(　　　)。

    A. 预提费用　　　　　　　　　B. 短期投资

    C. 坏账准备　　　　　　　　　D. 资本公积

6. 以下哪些错误无法通过试算平衡发现(　　　)。

    A. 某项经济业务重复入账

    B. 借贷双方同时多记或少记金额

    C. 用错账户

    D. 应借应贷账户方向颠倒

7. 借贷记账法的试算平衡可按下列哪些公式进行(　　　)。

    A. 全部账户本期借方本期发生额合计＝全部账户本期贷方本期发
       生额合计

    B. 全部账户增加额＝全部账户减少额

    C. 全部账户期末借方余额合计＝全部账户期末贷方余额合计

    D. 资产账户发生额＝负债和所有者权益类账户发生额

8. 下列会计凭证中,属于自制原始凭证的有(　　　)。

    A. 领料单　　　　　　　　　　B. 购货发票

    C. 差旅费报销单　　　　　　　D. 借款单

9. 对原始凭证审核的内容有(　　　)。

    A. 审核真实性　　　　　　　　B. 审核合理性

    C. 审核完整性　　　　　　　　D. 审核重要性

10. 可以用来记录货币资金收付业务的记账凭证是(　　　)。

    A. 收款凭证　　　　　　　　　B. 付款凭证

    C. 转账凭证　　　　　　　　　D. 通用记账凭证

11. 账簿按用途分类,可以分为(　　　)。

    A. 明细账　　　　　　　　　　B. 总账

    C. 日记账　　　　　　　　　　D. 备查账

12. 采用手工记账情况下,可用红色墨水记账的有(　　　)。

    A. 按照红字冲账的记账凭证,冲销错误记录

B. 在不设借贷等栏的多栏式账页中,登记减少数

C. 更正会计科目和金额同时错误的记账凭证

D. 在三栏式账户的余额栏前,如未印明余额方向的,在余额栏内登记负数余额

13. 下列账簿中一般采用三栏式账页的有(　　　)。

A. 材料明细账　　　　　　　　B. 银行存款日记账

C. 应收账款明细账　　　　　　D. 生产成本明细账

14. 可用于更正因记账凭证错误而导致账簿登记错误的方法有(　　　)。

A. 划线更正法　　　　　　　　B. 红字更正法

C. 除 9 法　　　　　　　　　　D. 补充登记法

15. 下列内容属于对账工作的有(　　　)。

A. 账实核对　　　　　　　　　B. 账账核对

C. 账表核对　　　　　　　　　D. 账证核对

16. 下列可以作为登记总账依据的有(　　　)。

A. 记账凭证　　　　　　　　　B. 汇总记账凭证

C. 原始凭证　　　　　　　　　D. 科目汇总表

17. 职工公出借款,收回借款或报销时,会计人员可以(　　　)。

A. 另开收据　　　　　　　　　B. 退还借据副本

C. 退还原借款收据　　　　　　D. 在账簿登记并请该职工签字

18. 以下属于期末账项调整内容的有(　　　)。

A. 预收收入　　　　　　　　　B. 折旧

C. 预计应付费用　　　　　　　D. 退货

19. 任何企业必须设置的账簿有(　　　)。

A. 现金日记账　　　　　　　　B. 银行存款日记账

C. 总账　　　　　　　　　　　D. 明细账

20. 下列对账工作中属于账实核对的是(　　　)。

A. 银行存款日记账余额与银行对账单余额相核对

B. 会计部门的财产物资明细账与财产物资保管部门的有关明细账相核对

C. 出纳员定期清点库存现金

D. "应收账款"各明细账户余额与各债务人寄来的对账单逐一核对

21. 以下账户中,须结出期末余额,将其转入下一会计期间的有(　　)。

A. 利润分配　　　　　　　　B. 投资收益

C. 短期借款　　　　　　　　D. 库存商品

22. 在会计核算中,以账簿体系为核心,把证、账、表按照一定的程序和方法相互结合的方式,可以称为(　　)。

A. 会计核算组织程序　　　　B. 会计核算形式

C. 账务处理程序　　　　　　D. 记账程序

23. 在实际工作中,各单位采用的会计核算程序主要有(　　)。

A. 记账凭证核算程序　　　　B. 科目汇总表核算程序

C. 汇总记账凭证核算程序　　D. 多栏式日记账核算程序

24. 企业每天发生的经济业务虽然多种多样,但不外乎以下几种类型(　　)。

A. 资产与权益有关项目同时增加

B. 资产中有关项目有增有减

C. 资产与权益有关项目同时减少

D. 权益中有关项目有增有减

25. 下列会计事项中能够引起资产总额变动的有(　　)。

A. 支付职工工资　　　　　　B. 在建工程完工结转固定资产

C. 转让资产取得收益　　　　D. 收到他人还款

三、判断题

1. 一项所有者权益增加的同时,引起的另一方面变化可能是一项资产减少。(　　)

2. 会计日常核算工作的起点是登记账簿。(　　)

3. 账户对应关系是指某个账户内的借方与贷方的相互关系。（　　　）

4. 借贷记账法既是世界通用的记账方法，又是目前我国法定的记账方法。（　　　）

5. 借贷记账法中的"借"、"贷"分别表示债权和债务。（　　　）

6. 一般而言，费用（成本）类账户结构与权益类账户相同，收入（利润）类账户结构与资产类账户相同。（　　　）

7. 在借贷记账法中，只要借、贷金额相等，账户记录就不会有错误。（　　　）

8. 总分类账户的期末余额应与其所属各明细分类账户的期末余额合计数相等。（　　　）

9. 会计账户是会计科目的进一步分类。（　　　）

10. "有借必有贷，借贷必相等"是复式记账法的记账规则。（　　　）

11. 会计科目与会计账户是同义词，两者没有区别。（　　　）

12. 记账凭证是登记总分类账户的依据，原始凭证是登记明细分类账户的依据。（　　　）

13. 企业每项经济业务的发生都必须从外部取得原始凭证。（　　　）

14. 总分类账和明细分类账平行登记的要求是依据相同、时期相同、金额相等和方向相同。（　　　）

15. 外来原始凭证一般都是一次凭证。（　　　）

16. 转账凭证是用来记录与现金、银行存款收付款业务无关的转账业务的凭证。（　　　）

17. 发现原始凭证有错误的，可以由开出单位更正，而不一定重开。（　　　）

18. 对弄虚作假的原始凭证，在不予受理的同时，会计人员应当予以扣留。（　　　）

19. 更正错账时，若会计科目没有错误，只是金额错误，也可以将正确数字与错误数字之间的差额，另编一张调整的记账凭证，调增金额用蓝字，调减金额用红字。（　　　）

20. 账簿即会计账户。（　　　）

21. 企业可将原始凭证外借。（　　　）

22. 现金日记账应在每日终了时结出余额,并与库存现金核对相符。（　　　）

23. 将本期期末余额转记在下期期初的过程,会计上称为过账。（　　　）

24. 同一个企业可以同时采用几种不同的账务处理程序。（　　　）

25. "资产＝负债＋所有者权益"的平衡公式适用于所有企业的会计核算。（　　　）

四、练习题

练习一

一、目的:掌握账户的结构,并进行试算平衡。

二、资料:M公司2005年12月份有关账户的资料如下:

账户名称	期初余额		本期发生额		期末余额	
	借方	贷方	借方	贷方	借方	贷方
现　　金	100		5000	（　　）	300	
银行存款	20900		（　　）	6200	（　　）	
应收账款	（　　）		（　　）	5900	24100	
原 材 料	20000		3000	（　　）	15800	
固定资产	（　　）		10000	0	150000	
应付账款		10000	8000			20000
短期借款		（　　）	30000	20000		20000
实收资本		160000	0	（　　）		170000
合　　计	（　　）		（　　）	（　　）	（　　）	（　　）

三、要求:根据账户的有关指标计算方法和借贷记账法的试算平衡原

理,计算填补括号中的数字。

练习二

一、目的:熟悉经济业务类型及其对会计基本等式的影响。

二、资料:甲公司 2005 年 12 月初资产总额为 500000 元,负债总额为 100000 元,所有者权益总额为 400000 元。假设该公司 12 月份仅发生如下经济业务:

1. 投资者投资 180000 元,款项收到存入银行。

2. 以银行存款 100000 元购买全新设备一台。

3. 开出转账支票 5000 元偿还前欠的购货款。

4. 经批准,将盈余公积 30000 元转增资本。

5. 购入原材料 30000 元,已用银行存款支付 25000 元,余款暂欠。

三、要求:根据以上资料,列式计算甲公司 2005 年 12 月末的

资产总额=

负债总额=

所有者权益总额=

练习三

一、目的:练习用借贷记账法编制会计分录。

二、资料:

1. 出售 A 产品 150 件,单价 500 元,B 产品 100 件,单价 200 元,总计 95000 元,购货单位开出并承兑的商业汇票抵付货款。

2. 购进材料 92500 元,材料已验收入库,开出转账支票 90000 元支付部分货款,余款暂欠。

3. 以银行存款支付销售产品广告费 900 元。

4. 以银行存款 20000 元购入一项专利权。

5. 月末,预提短期借款利息 1540 元。

6. 收到 B 公司投资 100000 元,款项已存入银行。

7. 经批准,将盈余公积 30000 元转增资本。

8. 财务部以现金预借给业务员差旅费 1000 元。

9. 以现金 20000 元发放职工工资。

10. 生产车间领用原材料 8000 元,全部投入产品生产。

11. 经决定,向投资者分配利润 100000 元。

12. 本月完工产品 1000 件,总成本 40000 元,产品已验收入库,结转其成本。

13. 以银行存款购入 C 公司股票 80000 元作为短期投资。

14. 以银行存款支付给投资者利润 100000 元。

15. 开出转账支票预付给 D 公司购材料款 9000 元。

16. 销售产品 20000 元,收到货款 12000 元,其余货款尚未收到。

17. 收到国家投入资金 200000 元,已存入银行。

18. 月末摊销应由本月负担的管理费用 3000 元。

19. 业务员出差回来报销差旅费 900 元,多余现金退回。

三、要求:根据以上资料编制会计分录。

练习四

一、目的:练习借贷记账法。

二、资料:见第二章习题二:(一)资料。

三、要求:

1. 开设各有关账户,登记期初余额。

2. 编制会计分录,并根据会计分录过账。

3. 结出各账户的本期发生额和期末余额。

4. 编制试算平衡表进行试算平衡。

练习五

一、目的:练习错账更正方法。

二、资料:C 公司 2005 年 12 月发现下列错账:

1. 基本生产车间生产甲产品领用材料 98 元,有关记账凭证和账户记录如下:

借:生产成本 89

 贷:原材料 89

生产成本		原材料	
89			89

2. 以现金购买公司行政管理部门用办公用品 65 元,有关记账凭证和账户记录如下:

借:管理费用 65

 贷:现金 65

管理费用		现金	
65			85

3. 业务员出差预借差旅费 1000 元,以现金支付。有关记账凭证和账户记录如下:

借:管理费用 1000

 贷:现金 1000

管理费用		现金	
1000			1000

三、要求:根据以上资料,分别采用适当的错账更正方法更正错误。

参考答案

一、单项选择题

1. C	2. D	3. A	4. B
5. D	6. A	7. C	8. B

9. B	10. C	11. B	12. A
13. C	14. A	15. A	16. B
17. D	18. B	19. C	20. A

二、多项选择题

1. A、D	2. B、C	3. A、B、C	4. B、D
5. A、C、D	6. A、B、C、D	7. A、C	8. A、C、D
9. A、B、C	10. A、B、D	11. A、B、C、D	12. A、B、C、D
13. B、C	14. B、D	15. A、B、D	16. A、B、D
17. A、B	18. A、B、C	19. A、B、C、D	20. A、C、D
21. A、C、D	22. A、B、C、D	23. A、B、C、D	24. A、B、C、D
25. A、D			

三、判断题

1. ×	2. ×	3. ×	4. √
5. ×	6. ×	7. ×	8. √
9. ×	10. ×	11. ×	12. ×
13. ×	14. √	15. √	16. √
17. √	18. √	19. √	20. ×
21. ×	22. √	23. ×	24. ×
25. √			

第四章　资产的核算（上）

学习目的、要求及重点内容

一、学习目的和要求

　　通过本章学习，了解货币资金的概念和分类以及货币资金管理的有关规定；熟悉现金和银行存款日记账的设置和登记要求；掌握现金、银行存款和其他货币资金相关业务的会计处理；掌握应收票据、应收账款、预付账款、其他应收款的概念、范围、计价原则及其相关业务的会计处理；掌握坏账及坏账损失的界定条件及坏账损失在备抵法下的具体会计处理方法；掌握存货的概念、范围和分类，以及存货入账价值的确定；掌握存货发出的计价方法及其不同计价方法对企业产生的影响；掌握原材料按实际成本计价的会计处理；掌握短期投资取得、持有、期末计价和处置的会计处理；了解长期债权投资的内容、特点，掌握初始投资成本的确定及长期债券投资的取得，溢、折价的确定和摊销及投资损益确定等相关业务的会计处理；掌握长期股权投资的成本法及权益法的适用范围和会计处理。

二、重点内容

(一)货币资金

1. 货币资金的分类及内容

货币资金按其存放地点和用途的不同可分为现金(库存现金)、银行存款和其他货币资金。其中,其他货币资金又可进一步分为外埠存款、银行汇票存款、银行本票存款、信用卡存款、信用证存款和存出投资款。

2.《支付结算办法》的结算种类及其相关规定

(1)银行汇票:是汇款人将款项交存当地出票银行,出票银行签发的,由其在见票时,按照实际结算金额无条件支付给收款人或持票人的票据。

(2)商业汇票:商业汇票是出票人签发的,委托付款人在指定日期无条件支付确定的金额给收款人或者持票人的票据。在银行开立存款账户的法人以及其他组织之间须具有真实的交易关系或债权债务关系,才能使用商业汇票。

(3)银行本票:是银行签发的,承诺自己在见票时无条件支付确定的金额给收款人或者持票人的票据。

(4)支票:是单位或个人签发的,委托办理支票存款业务的银行在见票时无条件支付确定的金额给收款人或者持票人的票据。

(5)信用卡:是指商业银行向个人和单位发行的,凭以向特约单位购物、消费和向银行存取现金,且具有消费信用的特制载体卡片。信用卡按其使用对象分为单位卡和个人卡;按其信誉等级分为金卡和普通卡。单位卡账户上的资金一律从其基本存款账户转账存入,不得交存现金,不得用于10万元以上的商品交易、劳务供应款项的结算;信用卡在规定的限额和期限内可以善意透支。

(6)汇兑:是汇款人委托银行将其款项支付给收款人的结算方式。单位和个人各种款项的结算均可使用;汇兑可分为信汇和电汇两种方式。

(7)托收承付:是根据购销合同由收款人发货后委托银行向异地付款人收取款项,由付款人向银行承认付款的结算方式。该结算方式必须是商品交易,以及因商品交易而产生的劳务供应的款项。

(8)委托收款:是收款人委托银行向付款人收取款项的结算方式,按其款项划回分为邮寄和电报两种方式。

(9)信用证:是国际结算的一种主要方式,国内企业之间商品交易经批准也可以采用。

3. 现金和银行存款的清查

(1)现金的清查:每日终了结算现金收支、财产清查等发现的有待于查明原因的现金短缺或溢余,应通过"待处理财产损溢"科目核算。待查明原因后根据不同情况进行处理:如为现金短缺,属于责任人或责任单位的,转入"其他应收款"科目;属于无法查明的其他原因,经批准后转入"管理费用"科目;如为现金溢余,属于应支付的部分,转入"其他应付款"科目;属于无法查明原因的经批准后转入"营业外收入"科目。

(2)银行存款的清查:以银行定期送来的"银行对账单"与企业的"银行存款日记账"逐笔核对,在更正记账差错的前提下,通过编制"银行存款余额调节表",了解企业在银行存款的实有数额,但不得依此表对银行存款账户进行金额调整。

(二)应收票据

1. 应收票据的分类

我国应收票据的核算主要是指在采用商业汇票结算方式下债权方(或销售方)收取商业票据核算,不包括银行汇票和支票的核算。商业汇票按其承兑人的不同分为商业承兑汇票和银行承兑汇票,就其债权方而言,后者的兑现保证程度高于前者;按其是否带息分为带息票据和不带息票据,带息票据的面值为现值,到期值为面值加上票据期限内的应计利息,而不带息票据的面值为到期值,即终值;按其是否具有连带责任分为有追索权和无追索权的票据,一般是指在票据背书转让或贴现时,商业承兑汇票的被背书人(或贴现银行)对背书人(或贴现企业)具有追索权,即票据的背书人或贴现企业对票据负有连带责任。

2. 应收票据的会计处理

(1)应收票据按面值入账。

(2)应收票据一般不计提风险准备,如具有确凿证据的资产损失,应先转入"应收账款"科目后,再行计提坏账准备。

(3)对于带息的应收票据,企业应于期末按权责发生制原则的要求计提应计利息,一方面增加应收票据的账面余额,另一方面作为财务费用的冲减。

(4)会计处理涉及的内容:

1)债权方收到经承兑票据的会计处理。

2)债权方期末计提带息票据利息的会计处理。

3)债权方如期收到债务方按期承兑票据款项的会计处理。

4)票据到期,由于债务方账面无款或款项不足,分别商业承兑汇票和银行承兑汇票的不同,债权方(销售方)的会计处理。

5)带息票据或不带息票据未到期时票据贴现的会计处理。

6)商业承兑汇票背书转让或申请贴现,票据到期时由于承兑人账面无款或款项不足,背书人或贴现企业发生连带责任时的会计处理。

(三)应收账款

(1)应收账款是指企业因销售商品、产品或提供劳务时,未采用商业汇票结算方式而形成的债权。不包括采用商业汇票结算方式下的应收票据、非购销活动产生债权的其他应收款和非流动资产内容的长期债权。应收账款应于收入实现时确认。

(2)科目设置要求:为反映应收账款的增减变动及其结存情况,设置"应收账款"科目。该科目核算企业应向客户收取的价税款项及代垫的费用,借方登记应收账款的增加数,贷方登记应收账款的减少数及确认的坏账损失数,余额一般在借方,表示尚未收回的应收账款。"应收账款"科目应按不同的债务人设置明细账。

(四)预付账款

(1)预付账款是指企业按照购货合同或劳务合同规定,预先支付给供货方或提供劳务方的款项。

(2)科目设置要求:一般应设置"预付账款"科目,但对于预付业务不多的企业,可以通过设置"应付账款"科目反映企业预付的款项,但在期末报表编制时,仍应根据"预付账款"和"应付账款"所属明细科目余额的性质分别报告。

(五)其他应收款

其他应收款是指除应收票据、应收账款、预付账款等以外的其他各种应收、暂付款项。

(六)坏账

1. 坏账的概念

坏账是指企业无法收回或收回的可能性极小的应收款项。由于发生坏账而产生的损失,称为坏账损失。

2. 坏账损失的确认

企业应当根据以往的经验、债务单位的实际财务状况和现金流量等相关信息,在期末分析并予以合理估计各项应收款项的可收回性,预计可能产生的坏账损失。一般来讲,企业的应收款项符合下列条件之一的,应确认为坏账:

(1)因债务人破产或死亡,以其破产财产或遗产清偿后,确实不能收回。

(2)因债务单位撤销、资不抵债或现金流量严重不足,确实不能收回。

(3)因发生严重的自然灾害等导致债务单位停产而在短时间内无法偿付债务,确实无法收回。

(4)因债务人逾期未履行偿债义务超过3年,经核查确实无法收回。

3. 备抵法下坏账损失的估计方法及其应用

(1)该方法应用的作用:贯彻谨慎性和配比原则,避免企业虚增资产和利润,使报表使用者通过报表列示的应收账款净额,了解企业真实的财务情况。

(2)备抵法下坏账损失估计的具体方法及会计处理:

具体方法:余额百分比法、账龄分析法和赊销百分比法。

会计处理涉及内容:

期末计提坏账准备:借:管理费用

　　　　　　　　　　贷:坏账准备

确认发生坏账损失:借:坏账准备

　　　　　　　　　　贷:应收账款

原已确认坏账损失后又收回:借:应收账款

　　　　　　　　　　　　　　贷:坏账准备

　　　　　　　　同时:借:银行存款

　　　　　　　　　　　贷:应收账款

期末冲减多提的坏账准备:借:坏账准备

　　　　　　　　　　　　　贷:管理费用

(七)存货

1. 存货的概念

存货,是指企业在日常活动中持有以备出售的产成品或商品,处在生产过程中的在产品,在生产过程或提供劳务过程中耗用的材料或物料等。

2. 不同来源存货入账价值的确定原则

(1)购入的存货,按买价加运输费、装卸费、保险费、包装费、仓储费等费用,运输途中的合理损耗,入库前的挑选整理费用和按规定应计入存货成本的税金,以及其他费用作为存货的实际成本。

(2)自制的存货,按自制过程中的各项实际支出作为实际成本。

(3)委托外单位加工完成的存货,以实际耗用的原材料或者半成品以及加工费、运输费、装卸费和保险费等费用以及按规定应计入委托加工存货成本的税金作为实际成本。

(4)投资者投入的存货,按照投资各方确认的价值作为实际成本。

(5)接受捐赠的存货,按以下规定确定其实际成本:

1)捐赠方提供了有关凭据的,按凭据上标明的金额加上应支付的相关税费,作为实际成本。

2)捐赠方没有提供有关凭据的,按如下顺序确定其实际成本:

第一,同类或类似存货存在活跃市场的,按同类或类似存货的市场价格估计的金额,加上应支付的相关税费,作为实际成本。

第二,同类或类似存货不存在活跃市场的,按该接受捐赠的存货的预计未来现金流量现值,作为实际成本。

(6)盘盈的存货,按照相同或同类存货的市场价格作为实际成本。

3. 在实际成本计价核算下存货发出的计价方法

(1)不同计价方法选择对企业产生的直接影响:对企业当期损益的计算有直接影响;对资产负债表有关项目数额的计算有直接影响;对计算所得税费用的数额有一定的影响。

(2)具体方法:个别计价法、先进先出法和月末一次加权平均法。

4. 原材料

(1)原材料的概念。原材料是指企业在生产经营过程中经加工改变其形态或性质并构成产品主要实体的各种原料及主要材料、辅助材料、外购半成品(外购件)、修理用备件(备品备件)、包装材料、燃料等。

(2)实际成本法下的原材料核算所需设置的科目:

1)"原材料"科目。该科目核算企业库存的各种材料实际成本的收入、发出和结存情况,期末借方余额反映企业库存原材料的实际成本。该科目一般应按原材料的保管地点(仓库)、类别、品种和规格设置明细账。

2)"在途物资"科目。该科目核算企业购入尚未到达或尚未验收入库的各种物资的实际成本。借方登记企业购入的在途物资的实际成本,贷方登记已验收入库的在途物资实际成本,期末余额在借方,反映已经付款或已经开出并承兑商业汇票,但尚未到达或尚未验收入库的在途物资的实际成本。该科目应按供应单位设置明细账。

5. 低值易耗品

(1)概念及特点:指不能作为固定资产的各种用具物品。其特点是单位价值较低,使用期限相对于固定资产较短,在使用过程中基本保持其原有实物形态不变。

(2)摊销方法:有一次转销法、分次摊销法和五五摊销法。

6. 包 装 物

(1)概念:是指为了包装本企业商品而储备的各种包装容器。

(2)不属于包装物的内容:各种包装材料;在生产经营过程中用于保管和储存物品,而不随同其销售、出租、出借的各种包装容器。

(3)摊销方法:一次摊销法,分次摊销法,五五摊销法和净值摊销法。

(八)投资

1. 短 期 投 资

(1)条件:通常是指易于变现,且持有时间较短,不以控制被投资单位等为目的的投资。应当符合两个条件:①能够在公开市场交易并且有明确市价。②持有投资作为剩余资金的存放形式,并保持其流动性和获利性,这一条件取决于管理当局的意图。

(2)短期投资初始投资成本的确定(以现金购入为例)。取得短期投资时实际支付的全部价款(包括相关税费),但不包括实际支付价款中包含的已宣告但尚未领取的现金股利和已到付息期但尚未领取的债券利息。

(3)短期投资持有期间赚取现金股利或债券利息的处理。在实际收到时:①对于原已计入应收项目的,冲减应收项目。②除原已计入应收项目的外,作为短期投资成本的收回,冲减短期投资的账面价值。

2. 长 期 债 权 投 资

(1)长期债权投资初始投资成本的确定(以现金购入为例)。取得长期债权投资时实际支付价款(包括相关税费),但不包括实际支付价款中已到付息期但尚未领取的债券利息。如实际支付价款中的相关税费金额较小,可根据重要性原则,将其直接计入当期损益。

(2)科目设置(以债券投资为例)。企业应在长期债权投资科目上设置如下明细科目:债券面值、债券费用、债券溢价、债券折价、应计利息。

(3)债券投资溢(折)价的处理。

1)在债券的存续期内,确认债券利息收入时采用直线法或实际利率法进行摊销,调整债券持有期间的利息收入(即投资收益)。

2)债券溢(折)价=实际支付价款-(债券面值+债券到期或未到期利息+相关税费)

上述公式计算结果正数为债券溢价,负数为债券折价。

(4)基本会计处理:

1)取得债券投资时:

借:长期债权投资——债券投资(债券面值)

   ——债券投资(债券溢价)

   ——债券投资(债券费用)(或财务费用)

   ——债券投资(应计利息)(或应收利息)

  贷:银行存款

    长期债权投资——债券投资(债券折价)

2)确认债券投资收益:

借:长期债权投资——债券投资(应计利息)(或应收利息)

   ——债券投资(债券折价)

  贷:投资收益

长期债权投资——债券投资(债券溢价)

3)收到债券利息时：

借：银行存款

　　贷：长期债权投资——债券投资(应计利息)(或应收利息)

3. 长期股权投资

(1)长期股权投资初始投资成本的确定(以现金购入方式取得为例)：按实际支付的全部价款(包括相关税费)作为长期股权投资的初始投资成本。但不包括实际支付价款中已宣告但尚未领取的现金股利，也不包括为取得长期股权投资所发生的评估、咨询和审计等费用。

(2)长期股权投资会计核算方法的选择依据：投资后，投资企业应根据对被投资企业财务和经营政策的影响程度(是否具有控制、共同控制和重大影响)确定对其核算是采用成本法还是权益法。

(3)成本法。

1)概念及特点：是指长期股权投资按投资成本计价的方法。除追加投资、收回投资或应分派现金股利转为投资外，长期股权投资的账面价值一般保持不变；投资后在被投资单位宣告分派现金股利或利润时，根据投资企业应享有的部分，确认为投资收益，而不应享有的部分，冲减长期股权投资的账面价值。

2)适用条件：投资方对被投资方实施控制；投资企业对被投资企业不具有共同控制和重大影响，并且在活跃市场中没有报价、公允价值不能可靠计量的长期股权投资。

3)基本会计处理：

第一，投资时(以现金购入方式取得为例)：

借：长期股权投资

　　应收股利

　　贷：银行存款

第二，投资后，被投资单位宣告发放现金股利或利润时：

借：应收股利

长期股权投资(原已冲减部分在以后年度的当期恢复额)

贷:投资收益

长期股权投资(当期冲减额)

(4)权益法。

1)概念及特点:是指长期股权投资最初以初始投资成本计价,以后根据投资企业享有被投资企业所有者权益份额的变动对投资的账面价值进行调整的方法。

2)适用条件:投资方对被投资方具有共同控制或重大影响时采用权益法核算。

3)明细科目的设置:投资企业应在长期股权投资科目下,分别设置"投资成本、损益调整、股权投资差额和股权投资准备"四个明细科目。

4)基本的会计处理(以现金购入方式取得为例)。

第一,取得长期股权投资时:

借:长期股权投资(投资成本)

(股权投资差额)

应收股利

贷:银行存款

资本公积(股权投资准备)

第二,按规定摊销股权投资差额时:

借:投资收益

贷:长期股权投资(股权投资差额)

第三,投资后,被投资企业实现净利润时,投资方应享有份额的部分:

借:长期股权投资(损益调整)

贷:投资收益

第四,投资后,被投资企业发生净亏损时,按投资方应承担的份额(以账面价值减至零为限):

借:投资收益

贷:长期股权投资(损益调整)

第五,投资后,被投资企业宣告分派现金股利或利润时,按投资方应分得的部分:

借:应收股利

　　贷:长期股权投资(损益调整)

第六,投资后,被投资企业因与净损益无关而产生的所有者权益的变动(此处主要是指增加),投资企业按其享有所有者权益的份额:

借:长期股权投资(股权投资准备)

　　贷:资本公积(股权投资准备)

重要概念及复习思考题

一、重要概念

1. 货币资金　　　　2. 商业汇票　　　　3. 其他货币资金

4. 应收票据　　　　5. 应收账款　　　　6. 存货

7. 低值易耗品　　　8. 包装物　　　　　9. 先进先出法

10. 一次摊销法　　　11. 五五摊销法　　　12. 短期投资

13. 长期债权投资　　14. 长期股权投资　　15. 债券的溢价与折价

16. 直线法　　　　　17. 股权投资成本法　18. 股权投资权益法

19. 股权投资差额

二、复习思考题

1. 现金清查产生溢缺应如何进行会计处理?

2. 银行存款管理的基本要求及核算依据是什么?

3. 其他货币资金包括哪些主要内容,如何进行会计处理?

4. 应收账款、应收票据和预付账款有何区别?

5. 坏账的确认条件是什么?

6. 预付账款的产生原因、科目设置要求及会计报表应如何列示?

7. 如何确定企业不同来源取得存货的实际成本?

8. 企业存货按实际成本计价时,存货发出有哪几种计价方法? 不同方法下如何确定发出存货的实际成本和期末结存存货的实际成本?

9. 如何理解低值易耗品的性质及核算管理要求? 其价值转移有哪些摊销方法?

10. 存货清查中出现的盘盈或盘亏及毁损应如何进行会计处理?

11. 以现金购入方式取得短期投资初始投资成本如何确定?

12. 短期投资在持有期间取得的现金股利或利息应如何处理?

13. 现金购入方式取得长期债券投资的初始投资成本如何确定? 发生的相关税费应如何处理?

14. 长期债券投资溢(折)价产生的原因? 如何确定溢(折)价?

15. 企业长期股权投资核算方法的选择依据是什么? 试比较长期股权投资成本法和权益法在核算时的主要区别。

自测练习题及参考答案

一、单项选择题

1. 在我国,作为会计日常核算对象的"现金"是指(   )。

    A. 备用金   B. 库存现金

    C. 货币资金   D. 现金和现金等价物

2. 企业在财产清查中,发现尚未查明原因之前的现金短缺,应借记的会计科目是(   )。

　　A. 其他应收款　　　　　　　　　B. 管理费用

　　C. 待处理财产损溢　　　　　　　D. 营业外支出

3. 企业因特殊情况需要坐支现金的,应事先报经(　　)审查批准。

　　A. 审计部门　　　　　　　　　　B. 上级主管部门

　　C. 开户银行　　　　　　　　　　D. 工商行政管理部门

4. 企业支付的银行承兑汇票手续费应记入(　　)科目。

　　A. 管理费用　　　　　　　　　　B. 营业费用

　　C. 财务费用　　　　　　　　　　D. 应收票据

5. 下列各项中,不属于"其他货币资金"科目核算内容的是(　　)。

　　A. 信用卡存款　　　　　　　　　B. 银行汇票存款

　　C. 银行本票存款　　　　　　　　D. 基本存款

6. 企业将款项汇往外地开立采购专户时,应借记的会计科目
　　是(　　)。

　　A. 预付账款　　　　　　　　　　B. 其他货币资金

　　C. 物资采购　　　　　　　　　　D. 在途物资

7. 当销售企业收到带息的商业汇票,于期末计提利息时,应贷记的科
　　目是(　　)。

　　A. 管理费用　　　　　　　　　　B. 财务费用

　　C. 营业费用　　　　　　　　　　D. 应收票据

8. 某一般纳税企业增值税率为 17%,本月为采购原材料,按原材料价
　　税合计金额开出一张期限为 5 个月,票面金额为 100 万元,票面利
　　率为 3% 的商业承兑汇票一张。本月该项原材料的入账价值应为
　　(　　)万元。

　　A. 85.47　　　　　　　　　　　　B. 100

　　C. 101.25　　　　　　　　　　　D. 103

9. 已贴现的带息商业承兑汇票,由于承兑人的银行存款账户资金不足
　　支付,银行将商业汇票退还给贴现企业并从其银行存款账户中执行
　　扣款,贴现银行扣款的金额是(　　)。

A. 票据面值　　　　　　　　　B. 票据贴现净额

C. 票据到期值　　　　　　　　D. 票据面值加贴现利息

10. 原已贴现的商业承兑汇票到期,若贴现企业和承兑方账面均无款时,贴现企业应编制的会计分录是(　　)。

A. 借:应收票据　　　　　　　　B. 借:应收票据

　　贷:应收账款　　　　　　　　　贷:短期借款

C. 借:应收账款　　　　　　　　D. 借:应收账款

　　贷:应收票据　　　　　　　　　贷:短期借款

11. 企业采用余额百分比法计提"坏账准备"。如期末计提前"坏账准备"科目为借方余额,则本期计提坏账准备的金额为(　　)。

A. 应收款项的计提余额与其计提比例的乘积

B. 应收款项的计提余额与其计提比例的乘积加上坏账准备科目计提前的借方余额

C. 应收款项的计提余额与其计提比例的乘积减去坏账准备科目计提前的借方余额

D. 坏账准备科目计提前的借方余额减去应收款项的计提余额与其计提比例的乘积

12. 下列各项中,不通过"其他应收款"科目核算的有(　　)。

A. 应收的各种赔款或罚款

B. 存出保证金

C. 应向职工收取的各种垫付款

D. 应向购货方收取的代垫运杂费

13. 某工业企业为生产产品采购原材料,运输途中发生的合理损耗应计入(　　)。

A. 管理费用　　　　　　　　　　B. 营业费用

C. 营业外支出　　　　　　　　　D. 原材料成本

14. 下列与原材料相关的项目中,应计入营业外支出的是(　　)。

A. 由于计量差错引起的原材料盘亏

　　B. 由于自然灾害所造成的毁损净损失

　　C. 运输途中发生的合理损耗

　　D. 入库后发生的挑选整理

15. 工业企业出租包装物收取的租金收入,应当记入(　　)科目。

　　A. 主营业务收入　　　　　　　B. 营业外收入

　　C. 其他业务收入　　　　　　　D. 使用费收入

16. 下列(　　)科目的余额,不应包括在资产负债表"存货"项目中。

　　A. 委托代销商品　　　　　　　B. 发出商品

　　C. 分期收款发出商品　　　　　D. 工程物资

17. 由于收发计量或核算上的错误等原因造成的存货盘盈,在报经批准后,应(　　)。

　　A. 作为其他业务收入　　　　　B. 冲减管理费用

　　C. 作为营业外收入　　　　　　D. 冲减营业费用

18. 以现金购入方式从证券市场取得短期股票投资,其初始投资成本不应包括企业实际支付价款中包含的(　　)。

　　A. 手续费

　　B. 印花税

　　C. 经纪人佣金

　　D. 已宣告发放但尚未领取的现金股利

19. 短期投资持有期间所收的现金股利或债券利息(除已计入应收项目的现金股利或债券利息外),应(　　)。

　　A. 冲减短期投资的账面价值

　　B. 作为营业外收益

　　C. 作为持有期间的投资收益

　　D. 在短期投资存续期内摊销调整各期投资收益

20. 甲公司于 2004 年 4 月 1 日购入乙公司同年 1 月 1 日发行的 2 年期公司债券,债券面值 100 万元,票面利率 3%,到期一次还本付息。甲公司购入时实际支付价款 102 万元,并准备长期持有。甲公司

在债券投资取得时"长期债权投资"科目账面余额应为(　　)
万元。

A. 102　　　　　　　　　　B. 101.25

C. 100　　　　　　　　　　D. 99.25

21. 企业以折价方式购入债券,在计息期并进行折价摊销时,计入"投资收益"科目的实际利息收入金额是(　　)。

A. 债券的票面利息

B. 债券的票面利息加上当期折价摊销额

C. 当期的折价摊销额

D. 债券的票面利息减去当期折价摊销额

22. 如采用权益法核算,下列各项中会引起投资企业资本公积发生变动的是(　　)。

A. 被投资单位接受资产捐赠

B. 被投资单位处置原受赠的非现金资产

C. 被投资单位以盈余公积弥补亏损

D. 被投资单位提取盈余公积

二、多项选择题

1. 根据国务院颁发的《现金管理暂行条例》的有关规定,下列业务中,可使用现金结算的是(　　)。

A. 向个人收购农副产品支付价款

B. 根据国家规定支付给个人的科技奖金

C. 向供货方购买大宗材料支付的价款

D. 出差人员随身携带的差旅费

2. 企业的"货币资金"按其存放地点和用途的不同,应包括(　　)。

A. 现金　　　　　　　　　　B. 外埠存款

C. 银行存款　　　　　　　　D. 存出投资款

3. 下列各项中,属于"坏账准备"科目贷方核算内容的有(　　)。

A. 原已确认的坏账而后又收回　　B. 当期计提的坏账准备

C. 经批准转销的坏账损失　　　D. 冲回多提的坏账准备

4. 在备抵法下,企业估计坏账损失的具体方法有(　　　)。

A. 赊销百分比法　　　　　　　B. 个别认定法

C. 余额百分比法　　　　　　　D. 账龄分析法

5. 我国会计实务中,应收账款可以确认为坏账的条件是(　　　)。

A. 债务人破产,依照破产清算程序进行清偿后确实无法收回的部分

B. 债务人死亡,对其遗产清偿后,确实无法收回的部分

C. 债务人的企业发生重大人员调整,无法确定其偿债的信誉程度

D. 债务人逾期未能履行其偿债义务,并有足够证据证明无法收回或收回的可能性极小

6. "应收票据"科目借方登记的内容包括(　　　)。

A. 收到经承兑商业汇票的面值

B. 带息票据期末计提的利息

C. 已办理贴现应收票据的票面金额

D. 到期收回应收票据的到期值

7. 企业对发出存货计价采用先进先出法。在物价持续下跌,并保留一定合理储备量的情况下,则可能会使(　　　)。

A. 期末存货成本接近市价

B. 期末存货成本与市价相差较大

C. 本期的销售成本偏低

D. 本期的销售成本偏高

8. 下列各项中,应作为"包装物"进行核算和管理的有(　　　)。

A. 随同产品出售不单独计价的包装容器

B. 随同产品出售的单独计价包装容器

C. 生产过程中领用包装本企业生产的产品,并作为产品生产成本组成部分的包装容器

D. 用于储存本企业产品或材料的各种包装容器

9. 下列方法中,属于低值易耗品摊销的方法有( )。

  A. 一次摊销法   B. 五五摊销法

  C. 分次摊销法   D. 净值摊销法

10. 下列各项中,应计入"营业费用"的有( )。

  A. 随同产品出售不单独计价的包装物成本

  B. 随同产品出售单独计价包装物的成本

  C. 出借包装物的价值摊销

  D. 出租包装物的价值摊销

11. 企业对于下列已计入待处理财产损溢的存货盘亏或毁损事项进行处理时,应当计入管理费用的有( )。

  A. 因定额内自然损耗造成的盘亏净损失

  B. 因自然灾害造成的盘亏净损失

  C. 因管理不善造成的盘亏净损失

  D. 因收发计量原因造成的盘亏净损失

12. 采用权益法核算时,下列各项中会引起投资企业"长期股权投资"账面价值发生变动的是( )。

  A. 被投资单位接受非现金资产捐赠

  B. 被投资单位实现净利润或发生净亏损

  C. 被投资单位宣告分派现金股利

  D. 被投资单位提取法定或任意盈余公积

13. 长期债券投资若采用溢价方式取得,一般则表明( )。

  A. 债券的票面利率大于债券的市场利率

  B. 债券投资方为了今后多得利息而事先给予债券发行方的补偿

  C. 债券投资方在债券存续期内各期确认的投资收益应小于债券的票面利息收入

  D. 债券投资方在债券存续期内各期确认的投资收益应大于债券的票面利息收入

14. 长期债券投资的取得成本应包括( )。

A. 债券面值

B. 买价中所含已到期尚未领取的债券利息

C. 债券溢折价

D. 买价中所含未到期的债券利息

三、判断题

1. "银行存款日记账"账面余额与开户行转来的"银行对账单"余额之间不符,则说明一方或双方记账有错误。(　　)

2. 企业持未到期的不带息应收票据到银行办理贴现,取得的贴现净额一定小于应收票据的面值。(　　)

3. 企业以未到期的带息应收票据办理贴现,银行扣取的贴现息和企业票据未计利息的差额,则可能是借记或贷记"财务费用"。(　　)

4. 低值易耗品从其性质上属于劳动对象,所以在会计核算时将其归为存货。对其在使用过程中产生的价值损耗可以采取不同的摊销方法计入成本、费用中。(　　)

5. 小规模纳税企业采购物资所支付的增值税,无论是否取得了增值税专用发票,支付的增值税额均应计入所采购物资的成本之中。(　　)

6. 存货按实际成本计价核算,其发出不同计价方法的选择直接影响着资产负债表中存货资产净额的多少,而与当期利润表中的净利润无关。(　　)

7. 企业进行长期债权投资时,实际支付价款中包含的相关税费,可以根据重要性原则,计入长期债权投资的初始投资成本或计入当期损益。(　　)

8. 企业进行股票投资时,如果实际支付价款中包含被投资企业已宣告尚未发放的现金股利,那么该项投资无论投资方是作为长期股权投资还是作为短期投资,该现金股利一律通过"应收股利"科目核算,而不计入投资的初始投资成本。(　　)

9. 长期股权投资采用成本法,投资后如被投资单位未宣告分派现金股

利,投资企业不需进行账务处理。(　　)

10. 采用权益法核算长期股权投资时,在确认被投资企业发生净亏损
时,如果"损益调整"明细科目借方余额不够冲减时,应冲减"投资
成本"等明细科目。(　　)

四、练习题

练习一

一、目的:练习现金溢缺的会计处理。

二、资料:假设某公司于 2006 年 4 月 30 日对现金进行清查时,发现库
存现金较账面余额短少 150 元。经查明,出纳员王某负有一定的责任,应责
其赔偿 100 元;剩余部分 50 元,经批准后转作当期费用,而后已收到出纳人
员的现金赔款 100 元。

三、要求:根据上述资料,编制相应的会计分录。

练习二

一、目的:练习货币资金相关业务的会计处理。

二、有关资料如下:

(一)已知某企业(一般纳税企业,增值税率为 17％)本月初有关科目余
额如下:

1."现金"科目余额:4180 元。

2."银行存款"科目余额:320000 元。

3."其他货币资金"科目余额:20000 元。

(二)本期发生下列与货币资金相关的交易或事项:

1. 厂部管理人员王平到外地开会,到财务部门预借差旅费 1500 元,审
核后开出现金支票一张;而后出差返回持有关单据报销 1440 元,审核无误,
余额以现金交回。

2. 对外零星出售产品收取现金,计价款 400 元,税款 68 元,而后将其
交存银行。

3. 厂部行政管理部门购买办公用品 1320 元（采用定额备用金制）持有关单据报销，审核无误后，以现金补足定额。

4. 向银行提出申请开立"银行汇票委托书"，金额 120000 元，经银行审核后同意受理，取得银行汇票一张。

5. 采购员张宏持上述的银行汇票到外地采购原材料，并预借差旅费 1000 元（非定额备用金制），以现金支付。

6. 收到银行通知，应收某企业购买产品的款项，价税合计 58700 元已收妥入账。

7. 开出转账支票一张，支付上月采购原材料的欠款，价税及代垫款合计 6480 元。

8. 从银行提取现金 185000 元，准备发放工资，而后发放。

9. 以前述银行签发的银行汇票，在异地采购原材料价税合计 117000 元，余款已转回基本存款账户；张宏持有关单据报销差旅费 1080 元，审核无误后以现金支付代垫款。

10. 开出转账支票一张，计 30000 元，存入某证券公司准备购买债券；而后取得债券并不准备长期持有，假设不考虑相关税费的计算，债券的投资成本为 30000 元。

11. 本月对外出售产品，取得销售收入 200000 元，增值税销项税额 34000 元（假设销售实现条件均符合），款项已收妥入账。

12. 开出转账支票两张，分别支付电信费用 680 元和交纳增值税 15000 元。

13. 从银行提取现金 2000 元，以出纳员日常零星支付备用。

14. 委托银行将款项 25000 元汇往异地开户行，设立采购专户。

15. 以前月份签发的银行本票，因情况变化等原因未使用超期，向银行说明同意办理退票，本票金额 20000 元。

三、要求：根据上述的交易或事项，编制有关的会计分录；并计算出"现金"、"银行存款"和"其他货币资金"科目的期末余额。

练习三

一、目的:练习带息应收票据的会计处理。

二、资料:A 公司为增值税一般纳税企业,于 2005 年 11 月 1 日销售一批商品给 B 公司,增值税专用发票列明商品价款为 50000 元,增值税额 8500 元。商品已经发出,且于同日收到购买方 B 公司签发并承兑的带息商业承兑汇票一张,票据面值为 58500 元,期限为 5 个月,票面利率为 6%,符合收入确认的条件。

三、要求:根据上述资料:

1. 编制 A 公司收到票据时的会计分录。

2. 编制 A 公司 2005 年 12 月 31 日计提票据利息的相关分录。

3. 编制 A 公司到期如数收到票据款项的会计分录。

4. 若假设 B 公司于票据到期时账面无款,编制 A 公司的相关分录。

练习四

一、目的:练习坏账损失相关业务的会计处理。

二、资料:某企业于 2001 年设立,为增值税的一般纳税企业,增值税率为 17%,对应收账款采用余额百分比法计提坏账准备。假设各年末应收账款的余额如下(计提比例为 10%):

单位:万元

年度	2001 年末	2002 年末	2003 年末	2004 年末
应收账款余额	400	520	340	380

注:(1)2002 年确认发生的坏账损失为 42 万元。

(2)2003 年度,原已确认发生的坏账损失又收回 8 万元。

三、要求:编制该企业上述业务相关的会计处理。

练习五

一、目的:练习存货发出按实际成本计价核算的不同方法。

二、资料:

2005 年 3 月某公司 A 材料收入和发出的资料如下:

(1)3 月 1 日,期初结存数量 500 千克,单价 50 元。

(2)3 月 5 日,购进 600 千克,单价 55 元。

(3)3 月 11 日,发出 700 千克。

(4)3 月 18 日,发出 300 千克。

(5)3 月 24 日,购进 800 千克,单价 60 元。

(6)3 月 30 日,发出 500 千克。

三、要求:根据以上资料,分别采用"先进先出法"和"月末一次加权平均法"计算 A 材料本月发出的实际成本和月末结存的实际成本。

练习六

一、目的:练习原材料按实际成本计价的会计处理。

二、资料:

(一)某企业为增值税一般纳税企业,增值税率为 17%,原材料核算采用实际成本计价。"原材料"科目的月初余额为 40 万元(其中包括上月末已入库,但结算凭证未到的暂估料款 6 万元)。

(二)本月发生原材料的外购业务如下(假设不考虑运费涉及的增值税):

1. 结算凭证已到,且原材料已验收入库,并以银行存款支付款项:其中价款 80 万元,增值税款 13.6 万元,销售方代垫运费 0.5 万元。

2. 结算凭证已到,且原材料已验收入库,签发并承兑为期两个月的不带息商业承兑汇票一张,票面金额 47.1 万元,其中价款 40 万元,增值税款 6.8 万元,销售方代垫运费 0.3 万元。

3. 结算凭证已到,且原材料已验收入库,但价款 20 万元,增值税款 3.4

万元,销售方代垫运费 0.2 万元均未支付。

4. 以前月份根据合同预付货款 50% 定金的原材料,本月已全部验收入库,其中价款 30 万元,增值税款 5.1 万元,但运费 0.18 万元由销售方负担,余款尚未补付。

5. 结算凭证已到,款项均已支付,但月末原材料仍未运达本企业,其中价款 10 万元、增值税款 1.7 万元,假设不考虑运费。

(三)本月根据"发料凭证汇总表"已知领用单位及材料用途情况如下(假设不考虑原材料发出时采用计价方法单位成本的确定):

生产车间生产产品领用 120 万元;生产车间一般耗用领用 30 万元;行政管理部门领用 5 万元。

三、要求:

1. 根据上述资料,编制相关的会计分录。

2. 确定"原材料"、"在途物资"和"预付账款"科目的期末余额。

练习七

一、目的:练习短期投资的会计处理。

二、资料:甲公司有关短期投资的业务如下:

1.2006 年 2 月 1 日,从证券交易机构购入 A 公司股票 1000 股,不准备长期持有。该股票每股面值为 1 元,买入价为 11.4 元,其中包括已经宣告但尚未发放的现金股利 0.4 元,另支付相关税费 45 元,均以银行存款支付。

2.2006 年 3 月 1 日,收到 A 公司发放的原已宣告的现金股利。

3.2006 年 5 月 10 日,出售 A 公司股票 600 股,每股卖出价 13 元,已存入银行;另以银行存款支付相关税费 30 元。

4.2006 年 6 月 30 日,持有的 A 公司股票每股收盘市价 10 元(按单项计提减值准备)。

5.2006 年 8 月 2 日,出售剩余的 A 公司股票,每股卖出价 12 元,款项已存入银行;另以银行存款支付相关税费 20 元。

三、要求:根据上述资料,编制甲公司相应的会计分录。

练习八

一、目的：练习长期股权投资成本法的会计处理。

二、资料：甲公司有关长期股权投资的经济业务如下：

1. 2006 年 1 月 1 日以银行存款 200 万元从证券市场购入 A 公司在外发行的普通股股票，占 A 公司所有者权益表决权份额的 10%，并准备长期持有。

2. 2006 年 4 月 22 日 A 公司宣告分派 2005 年的现金股利 30 万元。

3. 甲企业于 2006 年 5 月 10 日收到按其持有份额的上述现金股利。

4. A 公司 2006 年实现净利润 100 万元。

5. A 公司于 2007 年 4 月 15 日宣告分派 2006 年的现金股利 40 万元。

三、要求：根据上述资料，编制甲公司有关的会计分录。（注：金额单位以万元表示）

练习九

一、目的：练习长期股权投资权益法的会计处理。

二、资料：甲公司有关长期股权投资的业务如下：

1. 甲公司于 2003 年 1 月 1 日与另外 3 个投资单位共同出资设立乙公司，乙公司的注册资本为 200 万元，甲公司以银行存款 50 万元出资，并持有乙公司 25% 的股份，其他 3 个单位持有的股份分别是 25%、24% 和 26%。

2. 2003 年度，乙公司全年实现净利润 40 万元。

3. 2004 年 3 月 20 日，乙公司宣告分派现金股利 20 万元。

4. 2004 年 4 月 2 日，甲公司收到按其持有份额的上述现金股利。

5. 2004 年度，乙公司发生净亏损 240 万元，未分配股利。

6. 2005 年度，乙公司全年实现净利润 100 万元。

三、要求：根据上述资料，编制甲公司相关的会计分录。

注：(1) 金额单位以万元表示；(2) 列出"长期股权投资"的明细科目。

练习十

一、目的:练习长期债权投资及直线法摊销债券溢折价的会计处理。

二、资料:甲公司于 2005 年 7 月 1 日以银行存款从证券市场购入乙公司同年 1 月 1 日发行的 3 年期公司债券 300 张,并准备长期持有。该债券面值为 1000 元,每张购入价 1100 元,票面利率为 8%,到期一次还本付息。购入该债券时甲公司另以银行存款支付相关税费 300 元(未达到重要性标准),甲公司按年计息。

三、要求:

1. 计算该批长期债券投资的溢价额。

2. 编制甲公司 2005 年 7 月 1 日购入该批债券时的会计分录。

3. 编制甲公司持有该债券每年末计息并确认投资收益的会计分录(直线法摊销)。

4. 编制甲公司持有该债券到期收回债券本息时的会计分录。

参考答案

一、单项选择题

1. B	2. C	3. C	4. C
5. D	6. B	7. B	8. A
9. C	10. D	11. B	12. D
13. D	14. B	15. C	16. D
17. B	18. D	19. A	20. A
21. B	22. A		

二、多项选择题

1. A、B、D	2. A、B、C、D	3. A、B	4. A、B、C、D
5. A、B、D	6. A、B	7. A、D	8. A、B、C
9. A、B、C	10. A、C	11. A、C、D	12. A、B、C
13. A、B、C	14. A、C、D		

三、判断题

1. ×　　　　2. √　　　　3. √　　　　4. ×

5. √　　　　6. ×　　　　7. √　　　　8. √

9. √　　　　10. ×

第五章 资产的核算(下)

一、学习目的和要求

通过本章学习,了解固定资产的概念、特点、分类及不同来源取得固定资产入账价值的确定;掌握固定资产取得的会计处理;了解固定资产折旧的性质和影响折旧的主要因素,在了解折旧范围确定的基础上掌握各种折旧计算方法的具体运用及其会计处理;了解固定资产后续支出的性质及相关的会计处理原则;掌握固定资产处置的各种情况及会计处理;掌握固定资产清查的会计处理;了解固定资产计提减值准备的要求及会计处理;了解无形资产的概念、内容、特点和条件;掌握无形资产取得、摊销、出租与出售的核算;了解无形资产计提减值准备的条件及相关的会计处理。

二、重点内容

(一)固定资产

1. 固定资产的基本特征及核算依据

固定资产是指同时具有以下特征的有形资产:为生产商品、提供劳务、出租或经营管理而持有;使用寿命超过一个会计年度。由于企业的经营内容、经营规模等各不相同,固定资产的标准也不可能强求绝对一致,各企业应根据制度中规定的固定资产的标准,结合各自的具体情况,制定适合本企业实际情况的固定资产目录、分类方法、每类或每项固定资产的折旧年限、折旧方法,作为固定资产核算的依据。未作为固定资产管理的工具、器具等,则作为低值易耗品核算。

企业制定的固定资产目录、分类方法、每类或每项固定资产的预计使用年限、预计净残值、折旧方法等,应当编制成册,并按照管理权限,经股东大会董事会,或经理(厂长)会议或类似机构批准,按照法律、行政法规的规定报送有关各方备案,同时备置于企业所在地,以供投资者等有关各方查阅。企业已经确定对外报送,或备置于企业所在地的有关固定资产目录、分类方法、估计净残值、预计使用年限、折旧方法等,一经确定不得随意变更,如需变更,仍然应当按照上述程序,经批准后报送有关各方备案,并在会计报表附注中予以说明。

2. 固定资产入账价值的确定

固定资产的计价主要有按历史成本计价和按净值计价两种方法。根据我国的《企业会计制度》规定,企业的固定资产应当按照取得时的成本入账。由于固定资产的不同来源,其入账价值的构成亦不相同。固定资产取得时的成本应当根据具体情况分别确定:

(1)购置的不需要经过建造过程即可使用的固定资产,按实际支付的买价、包装费、运输费、安装成本、缴纳的有关税金等,作为入账价值。如果购入的固定资产需要安装,还应包括安装成本。

(2)自行建造的固定资产,按建造该项资产达到预定可使用状态前所发生的全部支出,作为入账价值。

(3)投资者投入的固定资产,应当按照投资合同或协议约定的价值确定,但合同或协议约定价值不公允的除外。

(4)融资租入的固定资产,按租赁开始日租赁资产公允价值与最低租赁付款额的现值两者中较低者,作为入账价值。

(5)在原有固定资产的基础上进行改建、扩建的,按原固定资产的账面价值,加上由于改建、扩建而使该项资产达到预定可使用状态前发生的支出,减去改建、扩建过程中发生的变价收入,作为入账价值。

(6)接受捐赠的固定资产,应按以下规定确定其入账价值:

1)捐赠方提供了有关凭据的,按凭据上标明的金额加上应支付的相关税费,作为入账价值。

2)捐赠方没有提供有关凭据的,按如下顺序确定其入账价值:同类或类似固定资产存在活跃市场的,按同类或类似固定资产的市场价格估计的金额,加上应支付的相关税费,作为入账价值;同类或类似固定资产不存在活跃市场的,按该接受捐赠的固定资产的预计未来现金流量现值,作为入账价值。

3)如受赠的系旧的固定资产,按照上述方法确认的价值,减去按该项资产的新旧程度估计的价值损耗后的余额,作为入账价值。

(7)盘盈的固定资产,按同类或类似固定资产的市场价格,减去按该项资产的新旧程度估计的价值损耗后的余额,作为入账价值。

(8)经批准无偿调入的固定资产,按调出单位的账面价值加上发生的运输费、安装费等相关费用,作为入账价值。

3. 固定资产折旧

(1)固定资产折旧的因素。固定资产原价、固定资产的预计使用年限、预计清理费用、预计残值和采用的折旧方法。

(2)固定资产计提折旧的范围。除下列情况外，企业应对所有固定资产计提折旧：一是已提足折旧仍继续使用的固定资产；二是按规定单独作价作为固定资产入账的土地。对于已达到预定可使用状态的固定资产，如果尚未办理竣工决算的，应当按照估计价值暂估入账，并计提折旧；待办理了竣工决算手续后，再按照实际成本调整原来的暂估价值，同时调整原已计提的折旧额。

企业一般应按月提取折旧，当月增加的固定资产，当月不提折旧，从下月起计提折旧；当月减少的固定资产，当月照提折旧，从下月起不提折旧。固定资产提足折旧后，不论能否继续使用，均不再提取折旧；提前报废的固定资产，也不再补提折旧。

(3)固定资产的折旧方法。常用的固定资产折旧计算方法可以分为两类：直线法和加速折旧法。直线法下各期折旧相等，而加速折旧法下在固定资产使用初期计提折旧较多，而在后期计提折旧较少，各年折旧额呈递减趋势。

(4)固定资产折旧的账务处理。企业计提的固定资产折旧，应按用途分配，借记"制造费用"、"营业费用"、"管理费用"、"其他业务支出"等科目，贷记"累计折旧"科目。

4. 固定资产的后续支出

固定资产同时满足下列条件的，才能予以确认：

(1)与该固定资产有关的经济利益很可能流入企业。

(2)该固定资产的成本能够可靠地计量。

与固定资产的有关的后续支出，符合以上规定的确认条件的，应当计入固定资产成本；不符合以上规定的确认条件的，应当在发生时计入当期损益。

5. 固定资产的处置与清查

(1)固定资产的处置。企业在生产经营过程中，对那些不适用或不需用的固定资产,可以出售转让。对那些由于使用而不断磨损直至最终报废,或由于技术进步等原因发生提前报废,或由于遭受自然灾害等非常损失发生毁损的固定资产应及时进行清理。投资、捐赠、抵债、调拨等原因减少固定资产,也属于固定资产的处置。

企业因固定资产处置而减少的固定资产,一般应通过"固定资产清理"科目进行核算。

(2)固定资产的报废。固定资产的报废有的属于正常报废,有的属于非正常报废。正常报废包括:使用磨损报废和由于技术进步而发生的提前报废。非正常报废主要是指自然灾害和责任事故所致的报废。

固定资产正常报废与非正常报废的会计处理基本相同。

(3)固定资产的清查。为了保证固定资产核算的真实性,企业应当经常对固定资产进行盘点清查。一般于每年编制年度财务报告之前,应对固定资产至少进行一次全面清查,平时可以根据需要,组织局部的轮流清查或抽查。

1)盘盈的固定资产。在固定资产清查过程中发现的盘盈固定资产,应按同类或类似固定资产的市场价格减去按该项资产的新旧程度估计的价值损耗后的余额,借记"固定资产"科目,贷记"待处理财产损溢——待处理固定资产损溢"科目。盘盈的固定资产报送批准后转入"营业外收入"科目,贷记"营业外收入——固定资产盘盈"科目。

2)盘亏的固定资产。企业发生盘亏时,应按盘亏固定资产的账面价值,借记"待处理财产损溢——待处理固定资产损溢"科目,按已提折旧,借记"累计折旧"科目,按该项固定资产已计提减值准备,借记"固定资产减值准备"科目,贷记"固定资产"科目。

6. 固定资产的期末计价

固定资产发生损坏、技术陈旧或其他经济原因,导致其可收回金额低于其账面价值,这种情况称之为固定资产价值减值。

如发现存在下列情况,应当计算固定资产的可收回金额,以确定资产是否已发生减值:

(1)固定资产市场价格大幅度下跌,其跌幅大大高于因时间推移或正常使用而预计的下跌,并预计在近期内不可能恢复。

(2)企业所处经营环境,如技术、市场、经济或法律环境,或者产品营销市场在当期发生或近期发生重大变化,并对企业产生负面影响。

(3)同期市场利率大幅度提高,进而很可能影响企业计算固定资产可收回金额的折现率,并导致固定资产可收回金额大幅度降低。

(4)固定资产陈旧过时或发生实体损坏等。

(5)固定资产预计使用方式发生重大不利变化,如企业计划终止或重组该资产所属的经营业务,提前处置资产等情形,从而对企业产生负面影响。

(6)其他有可能表明资产已发生减值的情况。

如果固定资产的可收回金额低于某账面价值,企业应当按可收回金额低于账面价值的差额计提固定资产减值准备,并计入当期损益。

当存在下列情况之一时,应当按固定资产的账面价值计提固定资产减值准备:

(1)长期闲置不用,在可预见的未来不会再使用,且已无转让价值的固定资产。

(2)由于技术进步等原因,已不可使用的固定资产。

(3)虽然固定资产尚可使用,但使用后产生大量不合格品的固定资产。

(4)已遭毁损,以至于不再具有使用价值和转让价值的固定资产。

(5)其他实质上已经不能再给企业带来经济利益的固定资产。

已全额计提减值准备的固定资产,不再计提折旧。资产减值损失一经确认,在以后会计期间不得转回。

(二)无形资产和其他资产

1. 无形资产概述

无形资产是指企业拥有或者控制的没有实物形态的可辨认非货币性资产。无形资产包括专利权、非专利技术、商标权、土地使用权、著作权、特许权和商誉。

无形资产只有在满足以下条件时,企业才能加以确认:①与该无形资产有关的经济利益很可能流入企业。②该无形资产的成本能够可靠地计量。在判断无形资产产生的经济利益是否很可能流入企业时,应对无形资产在预计使用寿命内可能存在的各种经济因素作出合理估计,并且应当有明确证据支持。

2.无形资产的入账价值

无形资产应按取得时的实际成本计价入账。但由于无形资产取得的途径不同,其计价方法应按以下规定确定:

(1)购入的无形资产,按购买价款、相关税费以及直接归属于使该项目达到预定用途所发生的其他支出作为实际成本。

(2)投资者投入的无形资产,按照投资合同或协议约定的价值确定,但合同或协议约定价值不公允的除外。

(3)接受捐赠的无形资产,应按以下规定确定其实际成本:①捐赠方提供了有关凭据的,按凭据上标明的金额加上应支付的相关税费,作为实际成本;②捐赠方没有提供有关凭据的,按如下顺序确定其实际成本:同类或类似无形资产存在活跃市场的,按同类或类似无形资产的市场价格估计的金额,加上应支付的相关税费,作为实际成本;同类或类似无形资产不存在活跃市场的,按该接受捐赠的无形资产的预计未来现金流量现值,作为实际成本。

(4)此外,由于企业内部研究开发项目的支出,应当区分研究阶段支出与开发阶段支出。内部研究开发项目的研究阶段,是指为获取新的科学或技术知识并理解它们而进行的独创性的有计划调查。内部研究开发项目的开发阶段,是指在进行商业性生产或使用前,将研究成果或其他知识应用于某项计划或设计,以生产出新的或具有实质性改进的材料、装置、产品等。企业内部研究开发项目研究阶段的支出,应当于发生时计入当期损益。企业内部研究开发项目阶段的支出,能够证明下列各项时,应当确认为无形资产:①从技术上来讲,完成该无形资产以使其能够使用或出售具有可行性。②具有完成该无形资产并使用或出售的意图。③无形资产产生经济利益的方式,包括能够证明运用该无形资产生产的产品存在市场或无形资产自身存在市场;无形资产将在内部使用的,应当证明其有用性。④有足够的技术、财务资源和其他资源支持,以完成该无形资产的开发,并有能够使用或出售该无形资产。⑤归属于该无形资产开发阶段的支出能够可靠地计量。

所以,自行开发的无形资产,其成本应包括与该无形资产有关的经济利益很可能流入企业且成本能够可靠地计量条件下以及以上规定后至达到预定用途前所发生的支出总额,但是对于以前期间已经费用化的支出不再调整。

3. 无形资产取得的会计处理

(1)购入的无形资产,按实际支付的价款,借记“无形资产”科目,贷记“银行存款”等科目。

(2)投资者投入的无形资产,按投资合同或协议约定的价值借记“无形资产”科目,贷记“实收资本”、“股本”等科目。

(3)接受捐赠的无形资产,按会计制度及相关准则规定确定的实际成本,借记“无形资产”科目,按接受捐赠无形资产按税法规定确定的入账价值,贷记“待转资产价值——接受捐赠非货币性资产价值”科目,按实际支付或应支付的相关税费,贷记“银行存款”、“应交税金”等科目。

(4)自行开发的无形资产,按照与该无形资产有关的经济利益很可能流入企业且成本能够可靠地计量条件下以及相关规定后至达到预定用途前所发生的支出总额,借记“无形资产”科目,贷记“银行存款”科目。

4. 无形资产的摊销

企业应当于取得无形资产时分析判断其使用寿命。无形资产的使用寿命如为有限的,应当估计该使用寿命的年限或者构成使用寿命的产量等类似计量单位数量;无法预见无形资产为企业带来未来经济利益的期限的,应当视为使用寿命不确定的无形资产。使用寿命有限的无形资产,其应摊销金额应当在使用寿命内系统合理摊销。企业摊销无形资产,应当自无形资产可供使用时起,至不再作为无形资产确认时止。企业选择的无形资产摊销方法,应当反映企业预期消耗该项无形资产所产生的未来经济利益的方式,无法可靠确定消耗方式的,应当采用直线法摊销。无形资产的摊销金额一般应当计入当期损益。无形资产的应摊销金额为其入账价值扣除残值后的金额,已经计提无形资产减值准备的,还应扣除已经提取的减值准备金额。除以下任一情况外,使用寿命有限的无形资产,其残值应当视为零。

(1)有第三方承诺在无形资产使用寿命结束时购买该无形资产。

(2)可以根据活跃市场得到残值信息,并且该市场在无形资产使用寿命结束时很可能存在。

使用寿命不确定的无形资产不应摊销。

企业应当至少于每年年度终了,对使用寿命有限的无形资产的使用寿命及摊销方法进行复核。无形资产的预计使用寿命及摊销方法与以前估计不同的,应当改变摊销期限和摊销方法。企业应当在每个会计期间对使用寿命不确定的无形资产的使用寿命进行复核。如果有证据表明无形资产的使用寿命是有限的,应当估计其使用寿命,并按以上规定处理。

5.无形资产的处置和报废

企业出售无形资产,应当将取得的价款与该无形资产账面价值的差额计入当期损益。无形资产预期不能为企业带来未来经济利益的,应当将该无形资产的账面价值予以转销。

6.无形资产的期末计价

企业应定期对无形资产的账面价值进行检查,至少于每年年末检查一次。如果无形资产的账面价值超过了其可收回金额,即为资产发生减值,应将该无形资产的账面价值超过可收回金额的部分确认为减值准备。

(1)当存在下列一项或若干项情况时,应当计提无形资产减值准备:①该无形资产已被其他新技术等所替代,使其为企业创造经济利益的能力受到重大不利影响。②无形资产的市价在当期大幅下跌,在剩余摊销年限内预期不会恢复。③某项无形资产已超过法律保护年限,但仍然具有部分使用价值。④其他足以表明该无形资产实质上已经发生了减值的情形。

（2）当存在下列一项或若干项情况时，应当将该项无形资产的账面价值全部转入当期损益：①该无形资产已被其他新技术等所替代，并且该项无形资产已无使用价值和转让价值。②该无形资产已超过法律保护期限，并且已不能给企业带来经济利益。③其他足以证明某项无形资产已经丧失使用价值和转让价值的情形。资产减值损失一经确认，在以后会计期间不得转回。

7. 其他资产

其他资产是指除流动资产、长期投资、固定资产、无形资产等以外的各项资产，主要是长期性质的待摊费用和其他长期资产。

重要概念及复习思考题

一、重要概念

1. 固定资产　　2. 固定资产原价　　3. 折余价值

4. 有形损耗与无形损耗　　　　5. 平均年限法

6. 工作量法　　7. 双倍余额递减法　　8. 年数总和法

9. 无形资产　　10. 专利权　　11. 经营特许权

12. 非专利技术　　13. 长期待摊费用

二、复习思考题

1. 固定资产有何特征？

2. 不同来源固定资产的入账价值如何确定？

3. 在不同折旧方法下，各期折旧额应如何计算？

4. 加速折旧法的理论依据是什么？

5. 固定资产计提减值准备的条件是什么？

6. 不同内容的无形资产的入账条件及不同来源无形资产入账价值的确定。

7. 如何确定无形资产的摊销期？

8. 出售无形资产和出租无形资产在会计处理上有何不同？

9. 无形资产的期末计价及报表列示。

10. 其他资产具体包括什么？

自测练习题及参考答案

一、单项选择题

1. 理论上，计算固定资产折旧过程中暂不考虑其预计净残值的方法是（　　）。

   A. 工作量法　　　　　　　B. 双倍余额递减法

   C. 年数总和法　　　　　　D. 平均年限法

2. 以一个逐期递减的折旧率乘以一个固定基数计算各期固定资产应提折旧额的方法是（　　）。

   A. 工作量法　　　　　　　B. 双倍余额递减法

   C. 平均年限法　　　　　　D. 年数总和法

3. 企业以外币借款购建固定资产，发生的借款利息和汇兑差额应（　　）。

   A. 全部计入发生当期财务费用

   B. 全部计入固定资产购建成本

   C. 符合资本化条件的计入固定资产的购建成本，否则计入当期费用

D. 在固定资产交付以前计入固定资产购建成本,以后计入财务费用

4. 非正常报废的固定资产应通过(　　)账户。

A. 营业外支出　　　　　　　　B. 待处理财产损溢

C. 在建工程　　　　　　　　　D. 固定资产清理

5. 某项固定资产原值 302000 元,预计使用 5 年,净残值为 2000 元,按年数总和法第 3 年的折旧额为(　　)元。

A. 60000　　　　　　　　　　B. 80000

C. 72000　　　　　　　　　　D. 65000

6. 企业在财产清查中发现短缺的固定资产,应通过(　　)账户进行处理。

A. 固定资产清理　　　　　　　B. 营业外支出

C. 管理费用　　　　　　　　　D. 待处理财产损溢

7. 某企业购置一台需要安装的设备,取得的增值税专用发票上注明的设备买价 1000000 元,增值税 170000 元,支付的运费 2000 元。设备安装时领用工程用材料物资 2000 元,购进该批物资时支付的增值税额为 340 元,设备安装时支付有关人员工资费用 3000 元,该固定资产的入账价值为(　　)元。

A. 1175000　　　　　　　　　B. 1177340

C. 1205000　　　　　　　　　D. 1180075

8. 企业将劳动资料划分为固定资产和低值易耗品,是基于(　　)原则。

A. 可比性　　　　　　　　　　B. 重要性

C. 谨慎性　　　　　　　　　　D. 客观性

9. 对固定资产计提减值准备应按(　　)计提。

A. 单项固定资产

B. 类别固定资产

C. 综合固定资产

D. 根据企业的具体情况以上三种结合

10. 企业采用融资租赁方式向租赁公司租入固定资产,应付租赁费先记入( )账户。

    A. 应付账款   B. 长期借款

    C. 其他应付款   D. 长期应付款

11. 投资者投入的无形资产,应按照( )作为实际成本。

    A. 账面价值   B. 投资合同或协议约定的价值

    C. 评估价值   D. 摊余价值

12. 会计期末某项无形资产预计可收回金额低于其账面价值的,应将计提的无形资产减值准备计入( )。

    A. 营业外支出   B. 财务费用

    C. 管理费用   D. 投资收益

13. 下列不属于无形资产的是( )。

    A. 专利权   B. 非专利技术

    C. 自创商誉   D. 著作权

14. 企业转让无形资产使用权所取得的收入,应当计入( )。

    A. 其他业务收入   B. 营业外收入

    C. 投资收益   D. 冲减管理费用

15. 某项无形资产已丧失使用价值和转让价值时,应将其账面价值( )。

    A. 全部计提减值准备   B. 全部转入当期损益

    C. 转入长期待摊费用   D. 加速进行摊销

二、多项选择题

1. 下列固定资产中应计提折旧的有( )。

    A. 专用机器设备

    B. 房屋及建筑物

    C. 接受投资转入的固定资产

    D. 未提足折旧提前报废的固定资产

2. "固定资产清理"科目借方核算的内容包括(　　)。

　　A. 转入清理的固定资产净值　　B. 发生的清理费用

　　C. 结转的固定资产清理净损失　D. 结转的固定资产清理净收益

3. 下列哪些是我国规定可以采用的固定资产折旧方法,且折旧率是固定的(　　)。

　　A. 递减折旧率法　　　　　　　B. 平均年限法

　　C. 双倍余额递减法　　　　　　D. 余额递减法

4. 下列可能作为融资租入固定资产入账价值的有(　　)。

　　A. 最低租赁付款额现值　　　　B. 租赁资产原账面价值

　　C. 租赁协议确定的设备价款　　D. 最低租赁付款额

5. 下列固定资产的折旧方法中,体现会计核算谨慎性原则的是(　　)。

　　A. 平均年限法　　　　　　　　B. 工作量法

　　C. 双倍余额递减法　　　　　　D. 年数总和法

6. 下列业务中,属于固定资产处置的是(　　)。

　　A. 对外投资　　　　　　　　　B. 对外捐赠

　　C. 对外经营租出　　　　　　　D. 对外出售

7. 企业计算固定资产折旧要考虑的因素主要有(　　)。

　　A. 固定资产原价　　　　　　　B. 固定资产预计使用年限

　　C. 固定资产预计清理费用　　　D. 固定资产预计残值

8. 下列为固定资产发生的后续支出,哪些应确定为固定资产资本化支出(　　)。

　　A. 使固定资产的生产能力提高　B. 使企业的生产成本降低

　　C. 使产品的质量提高　　　　　D. 使固定资产的使用年限延长

9. 下列项目中允许对已入账的固定资产原始价值进行调整的有(　　)。

　　A. 盘盈的固定资产

　　B. 将固定资产的一部分拆除

C. 发现原记的固定资产价值有误

D. 根据实际价值调整原来的暂估价值

10. 存在下列(　　)情况,固定资产可以全额计提减值准备。

A. 长期闲置不用,在可预见的未来不会再使用,且无转让价值的固定资产

B. 由于技术进步等原因,已不可使用的固定资产

C. 市价大幅度下跌,其跌幅大大高于因时间推移或正常使用预计的下跌,并且预计在近期内不可能恢复市价的固定资产

D. 虽然固定资产尚可使用,但使用后产生大量不合格品的固定资产

11. 下列属于无形资产的有(　　)。

A. 专利权　　　　　　　　　B. 自创商誉

C. 非专利技术　　　　　　　D. 著作权

12. 企业取得无形资产的方式有(　　)。

A. 外购　　　　　　　　　　B. 自创

C. 接受投入　　　　　　　　D. 接受捐赠

13. 企业其他长期资产一般包括(　　)。

A. 待处理毁损物资　　　　　B. 银行冻结存款

C. 冻结物资　　　　　　　　D. 涉及诉讼中的财产

14. 下列哪些情况存在时应计提无形资产减值准备(　　)。

A. 某项无形资产已被其他新技术所替代,使其为企业创造经济利益的能力受到重大不利影响

B. 某项无形资产的市价在当期大幅度下跌,并在剩余摊销年限内不会恢复

C. 某项无形资产已超过法律保护期限,但仍然有部分使用价值

D. 其他能够证明某项无形资产实质上已经发生了减值的情形

15. 无形资产的特征有(　　)。

A. 不具有实物形态

B. 企业有偿取得

C. 持有的目的是使用而不是出售

D. 能在较长时期使企业获得经济利益

16. 企业内部研究开发项目开发阶段的支出,满足(　　　)条件的,才能确认为无形资产。

A. 从技术上来讲,完成该无形资产以使其能够使用或出售具有可行性

B. 具有完成该无形资产并使用或出售的意图

C. 无形资产产生经济利益的方式,包括能够证明运用该无形资产生产的产品存在市场或无形资产自身存在市场;无形资产将在内部使用的,应当证明其有用性

D. 有足够的技术、财务资源和其他资源支持,以完成该无形资产的开发,并有能够使用或出售该无形资产

E. 归属于该无形资产开发阶段的支出能够可靠计量

三、判断题

1. 历史成本具有客观性和可验证性的特点,因而成为固定资产的基本计价标准,同时它也是计提固定资产折旧的依据。(　　　)

2. 在原有固定资产基础上进行改建、扩建的,应将改建、扩建过程中发生的各项支出计入改建、扩建后的固定资产原价,对于改建、扩建过程中取得的变价收入,应作为固定资产清理净收益转入营业外收入。(　　　)

3. 企业在建工程领用本企业生产的产品,应按产品的成本转账,计入在建工程成本。(　　　)

4. 企业接受固定资产投资,被投资企业应按照投资各方确认的价值作为固定资产原值入账。(　　　)

5. 企业采用直线法计提固定资产折旧,应该按照月初在用固定资产的账面原值乘以固定的月折旧率计算。(　　　)

6. 企业采用年数总和法计提固定资产折旧,应该按照固定资产原值减

去预计净残值后的余额乘以每年递减的折旧率计算。(　　)

7. 加速折旧法是指采用一定的数学方法以缩短固定资产的折旧年限,从而达到加速折旧的目的。(　　)

8. 就固定资产的整个使用过程来看,加速折旧法和其他折旧方法相比,并没有增加折旧总额,也没有缩短折旧年限,对利润总额也没有影响。(　　)

9. 企业出租的固定资产由于其他企业在用,故不应计提固定资产折旧,由租赁企业计提。(　　)

10. 固定资产报废,无论是正常原因造成还是非正常原因造成,其会计处理基本相同。(　　)

11. 企业应对固定资产账面净值定期进行检查,若由于损坏等原因导致可收回金额低于账面净值,应将其差额作为固定资产减值准备,并确认为费用。(　　)

12. 企业在建工程建造过程中发生中断,中断期间发生的借款费用利息应一律计入当期损益。(　　)

13. 无形资产都应该摊销。(　　)

14. 已计提减值准备的无形资产,不需要进行价值摊销。(　　)

15. 投资者投入的无形资产,应按评估确认的价值入账。(　　)

16. 无形资产的价值摊销和固定资产折旧原理相同,会计处理方法一致。(　　)

17. 企业转让无形资产应交纳的营业税,应通过"主营业务税金及附加"和"应交税金"科目核算。(　　)

18. 企业购入的无形资产,应按售出单位的发票金额作为无形资产的入账价值。(　　)

19. 企业无形资产已丧失使用价值和转让价值时,应将其账面价值全部转入当期损益。(　　)

20. 企业内部研究开发项目的支出应于发生时全部计入当期损益。(　　)

四、练习题

练习一

一、目的:练习不同来源固定资产取得的会计处理。

二、资料:甲企业为增值税的一般纳税企业,增值税率为 17％,本期分别从以下来源取得固定资产:

1. 外购本企业自用运输汽车一辆,汽车生产厂家增值税专用发票列明销售价格 32 万元(不含税,下同),款项均以银行存款支付。

2. 外购企业生产车间用设备一台,销售厂家增值税专用发票列明销售价格 18 万元,该设备取得时还发生运杂费、保险费等费用 0.6 万元,设备运达企业后交付安装,安装过程中发生安装费 0.2 万元,上述款项均以银行存款支付,安装完毕并交付使用。

3. 甲企业接受乙企业某项设备的投资,该设备在乙企业的账面原值为 60 万元,已提折旧 20 万元,经与投资各方协商,同意以其账面净值作为确定的投资成本。甲企业在该设备取得时以银行存款支付运杂费、保险费 1.2 万元和安装费 0.8 万元,安装完毕并交付使用。

4. 如资料 3 中的设备为乙企业捐赠给甲企业或是从乙企业无偿调入,其他资料不变(甲、乙企业的所得税率均为 33％)。

5. 本期末财产清查中发现账外设备一台,7 成新,盘盈日同种设备全新市价为 6 万元,而后在期末经批准同意计入当期损益。

6. 因生产临时需要,从丙企业经营租入设备一台用于生产车间,该设备在丙企业的原价为 80 万元,已提折旧 30 万元,租赁合同约定租金分期支付,本期应付租金 2 万元尚未支付。

三、要求:根据上述资料,编制甲企业的相关会计分录(金额单位以万元表示)。

练习二

一、目的:练习固定资产折旧的计算。

二、资料:假设某企业于 2005 年 3 月 20 日取得一项固定资产,入账价值为 200000 元,预计净残值率为 6%,预计使用 6 年(6 年中的总工作量为5000 单位)。

三、要求:根据上述资料,分别采用平均年限法、工作量法(本年实际工作 1200 单位)、双倍余额递减法和年数总和法计算该项固定资产在 2005 年的年折旧额。

练习三

一、目的:练习固定资产减少相关业务的会计处理。

二、资料:假设甲企业的某项固定资产分别以下面不同的情况退出企业的生产经营过程,该项固定资产的原价 40 万元,已提折旧 18 万元(假设不考虑减值准备):

1. 以该项固定资产对乙单位进行长期股权投资,经协商以该项固定资产的账面净值作为长期股权投资的投资成本(采用成本法核算),另在投资时以银行存款支付固定资产的清理费用 1 万元。

2. 上述固定资产是对乙单位无偿捐赠或是无偿调出,其他资料不变。

3. 上述固定资产是甲企业不需用的房屋建筑物,对外出售给乙企业,取得变价收入 35 万元已收妥入账,其他资料不变(计税价格等于变价收入,营业税率为 5%)。

4. 上述固定资产是由于自然灾害造成毁损,以银行存款支付清理费用 1 万元,残料 1.5 万元暂作原材料入库,应收保险公司赔款 20 万元尚未收到。

5. 上述固定资产是在期末财产清查时盘亏,并在本期末报批准后将其净损失列入当期损益。

三、要求:根据上述的不同情况,分别编制相关的会计分录(金额单位以万元表示)。

练习四

一、目的:练习固定资产的取得、计提折旧和计提减值准备相关业务的会计处理。

二、资料:

1. 某一般纳税企业于 2001 年 12 月初购入一台需安装设备,增值税专用发票列明设备价款 670 万元,增值税款 113.9 万元,运杂、保险等费用 2.1 万元,而后发生安装成本 14 万元(上述款项均以银行存款支付),并于 12 月 25 日安装完毕交付生产车间使用。该项设备预计使用 8 年,预计净残值率为 5%,采用直线法计提折旧(为简化核算,计提折旧假设按年计算)。

2. 2005 年末对该项设备进行检查,由于受一些不利因素的影响,预计出售净价 310 万元,预计未来现金流量折现值为 320 万元,预计使用年限和预计净残值无变化。

三、要求:根据上述资料,编制相关的会计分录。

注:(1)金额单位以万元表示。

(2)为简化核算,折旧额按年计算。

练习五

一、目的:练习无形资产取得的会计处理。

二、资料:甲公司 2005 年发生如下有关无形资产的经济业务:

1. 2005 年 1 月 2 日,以银行存款支付价款 40 万元购买专利权 A 一项,根据有关法律,A 专利权的有效年限为 10 年,已使用 2 年。甲公司估计 A 专利权的预计受益年限为 5 年。

2. 2005 年 4 月 1 日,接受投资者以商标权 B 的投资,投资各方确定该商标权的价值为 100 万元,法定有效期 10 年,投资合同期规定期限为 6 年。

3. 2005 年 10 月 5 日,接受其他单位捐赠的专利权 C 一项,捐赠方提供相关凭证列明的金额为 60 万元。甲公司所得税率为 33%,专利权 C 的有效年限为 10 年,已使用 5 年。甲公司估计该项专利权 C 的预计使用受益年限为 3 年。

三、要求:根据上述经济业务编制相关会计分录(金额单位以万元表示)。

练习六

一、目的:练习无形资产取得、摊销和转让的会计处理。

二、资料:

1. 甲公司于 2003 年 1 月 4 日以银行存款支付价款 100 万元购入专利权 D 一项。根据有关法律规定,专利权 D 的有效年限为 10 年,已使用 3 年。甲公司估计专利权 D 的预计使用的受益年限为 5 年。

2. 2005 年 1 月 8 日,甲公司将专利权 D 对外出售,取得转让收入 70 万元(计税价格)已收妥入账(营业税率为 5%)。

三、要求:根据上述资料,编制甲公司相关业务的会计分录。

注:(1)为简化核算,假设按年计算摊销额。

(2)金额单位以万元表示。

练习七

一、目的:练习无形资产相关业务的会计处理。

二、资料:

1. 甲企业 2002 年 1 月 2 日从某科研单位购入一项可转让专利权,各项支出成本合计为 600 万元,均以银行存款支付。该项专利权法律规定有效年限为 15 年,相关合同规定的受益年限为 10 年(为简化核算,假设按年计算摊销额)。

2. 2005 年末,由于受诸多不利因素的影响,该项无形资产的预收可收回金额为 300 万元。

三、要求:根据上述资料编制相关的会计分录。

注:金额单位以万元表示。

参考答案

一、单项选择题

1. B	2. D	3. C	4. D
5. A	6. D	7. B	8. B
9. A	10. D	11. B	12. A
13. C	14. A	15. B	

二、多项选择题

1. A、B、C	2. A、B、D	3. B、C	4. A、B、D
5. C、D	6. A、B、D	7. A、B、C、D	8. A、B、C、D
9. B、C、D	10. A、B、D	11. A、C、D	12. A、B、C、D
13. B、C、D	14. A、B、C、D	15. A、B、C、D	16. A、B、C、D、E

三、判断题

1. √	2. ×	3. √	4. √
5. ×	6. √	7. ×	8. √
9. ×	10. √	11. √	12. ×
13. ×	14. ×	15. ×	16. ×
17. ×	18. ×	19. √	20. ×

第六章　负债的核算

一、学习目的和要求

通过本章学习,掌握负债的定义、特点、分类和计价原则;掌握短期借款、应付票据、应付账款和预收账款的会计处理;掌握应付工资、应付福利费的性质和会计处理;掌握应交增值税的相关内容和会计处理;了解其他主要应交税种的相关内容和会计处理;掌握应付股利的会计处理;了解其他应交款的内容;熟悉其他应付款会计处理;掌握长期借款、应付债券的会计处理;了解其他长期负债的内容。

二、重点内容

(一)短期借款和长期借款

1. 短期借款

短期借款是指企业为了满足正常生产经营的需要,向银行或其他金融机构等借入的期限在一年以下(含一年)的各种借款。无论借入款项的来源如何,企业均需要向债权人按期偿还借款的本金及利息。在会计上,要及时如实地反映款项的借入、利息的发生和本金及利息的偿还情况。

2. 长期借款

长期借款是指企业向银行等金融机构借入的偿还期在一年以上的各种款项,一般用于固定资产的购建、改扩建工程、大修理工程、对外投资以及为了保持长期经营能力等方面。

(二)应付票据、应付账款与预收账款

1. 应付票据

应付票据是由出票人出票,委托付款人在指定日期无条件支付确定的金额给收款人或者持票人的票据。在我国,应付票据的核算是指采用商业汇票结算方式下而产生的属债务人的票据核算。对于带息的应付票据,通常在期末时,对尚未支付应付票据计提利息,计入当期的财务费用;票据到期支付票据时,尚未计提的利息部分直接计入当期的财务费用。对于采用银行承兑汇票支付的手续费用,也计入当期的财务费用。如商业承兑汇票到期,承兑人账面无款或款项不足,应将"应付票据"的账面价值转入"应付账款"科目;如银行承兑汇票到期,承兑申请人账面无款或款项不足,承兑银行除凭票向持票人无条件付款外,对出票人尚未支付的汇票金额转作逾期贷款处理。

2. 应付账款

应付账款是指因购买材料、商品或接受劳务供应等而发生的债务。其入账时间应以所购买物资所有权有关的风险和报酬已经转移或劳务已经接受为标志。应付账款一般按应付金额入账,而不按到期应付金额的现值入账。如涉及商业折扣,应付账款的入账金额已经扣除;如涉及现金折扣,在总价法下,现金折扣包括在应付账款的入账金额内,在日后实际发生享有现金折扣时,作为理财收益处理。如果应付账款由于债权单位撤销或其他原

因而无法支付时,无法支付的应付款项应转入资本公积。

3. 预收账款

预收账款是指企业按照合同规定,向购货方或劳务购买方预先收取的款项。与应付账款不同,这一负债通常不是以货币偿付,而是以在一定时间内提供一定数量和质量的货物或劳务偿付。

(三)应付工资和应付福利费

1. 应付工资

应付工资是企业应付给职工的工资总额。工资总额的组成内容,应按照国家统计局《关于职工工资总额组成的规定》确定。

2. 应付福利费

应付福利费是指企业从成本、费用中提取的用于职工个人福利方面的资金。它是按照企业职工工资总额的一定比例(现为 14%)提取的。不同之处在于按医务、福利人员工资总额提取的职工福利费应计入管理费用。

(四)应交税金

企业根据税法规定应当缴纳的各种税金,如增值税、消费税、营业税、城市维护建设税、资源税、印花税、所得税等。除印花税、耕地占用税等不需要预计应交税金外,其他税金均需通过"应交税金"科目核算。

1. 增值税

增值税是指对我国境内销售货物、进口货物或提供加工、修理修配劳务的增值额征收的一种流转税。增值税的纳税人是在我国境内销售货物、进口货物,或提供加工、修理修配劳务的单位和个人。

(1)一般纳税企业与小规模纳税企业核算上的主要区别:①科目设置的内容与栏次不同。一般纳税企业应设置"应交税金——应交增值税"(多栏式)和"应交税金——未交增值税"两个明细科目;而小规模纳税企业只需设置"应交税金——应交增值税"(三栏式)明细科目。②能否开具增值税专用发票。一般纳税企业可以开具增值税专用发票,但小规模经营纳税企业不得开具增值税专用发票,只能开具普通发票。③能否抵扣有所不同。一般纳税企业取得物资用于应税项目或应税劳务,并取得抵扣依据时,取得物资或接受劳务支付的增值税额可按规定作为增值税的进项税额,准予从销项税额中抵扣;而小规模纳税企业无论是否取得抵扣依据,取得物资或接受劳务支付的增值税额均不得抵扣。④取得物资或接受劳务的成本是否含税有所不同。一般纳税企业取得物资或接受劳务的成本在允许抵扣的条件下,其成本不含增值税;而小规模纳税企业由于不得抵扣,所以其取得的物资用于应税项目或应税劳务的成本均包含增值税。⑤计税的方式不同。一般纳税企业采用基本税率和优惠税率计算相应的税额;而小规模纳税企业则采用简化的方式,以征收率计算相应的税额。

(2)一般纳税企业增值税核算的主要业务涉及的专栏或科目:①一般购物或接受劳务及购入免税产品的业务,涉及进项税额专栏。②一般销售应税商品或提供应税劳务及视同销售的业务,涉及销项税额专栏。③原可抵扣,而后由于非正常损失或用途改变而不予抵扣的业务,涉及进项税额转出专栏。④非货币性交易换出或换入应税物资的业务,涉及销项税额及进项税额专栏。⑤当期预缴纳当期的税额的业务,涉及已交税金专栏;而缴纳以前期税额的业务,涉及“应交税金——未交增值税”明细科目。⑥“应交税金——应交增值税”明细科目期末可能无余额或只可能出现借方余额,反映企业尚未抵扣的增值税;而“应交税金——未交增值税”明细科目期末可能是借方余额,反映以前期的预交或多交税额,也可能是贷方余额,反映以前期的欠交税额,也可能无余额。“应交税金——未交增值税”明细科目的发生额是期末从“应交税金——应交增值税”明细科目的转出未交增值税专栏或转出多交增值税专栏中转入。

2. 委托加工应税消费品受托加工方代扣代缴消费税的处理

(1)如果加工收回后的应税消费品直接出售,委托加工方应支付的并由受托方代扣代缴的消费税,计入委托加工应税消费品物资的成本,日后销售时,不再计算消费税。

（2）如果加工收回后的应税消费品继续加工应税消费品,委托加工方应支付的并由受托加工方代扣代缴的消费税,计入"应交税金——应交消费税"科目的借方。日后应税消费品销售时,予以从计算的应交消费税额中抵扣。

3. **工业制造企业营业税涉及的主要业务及列支渠道**

（1）提供非工业性劳务:应交营业税计入"其他业务支出"科目;

（2）销售不动产:应交营业税计入"固定资产清理"科目;

（3）出售无形资产:应交营业税作为计算营业外收支的调整因素;

（4）出租无形资产:应交营业税计入"其他业务支出"科目。

4. **不通过"应交税金"科目核算的税种及列支渠道**

（1）印花税:计入"管理费用"科目;

（2）耕地占用税:计入"在建工程"科目。

（五）应付股利

应付股利是指企业经过董事会或股东大会,或类似机构决议确定分配给投资者的现金股利或利润。企业应设置"应付股利"科目核算应付股利的分配情况。该科目贷方登记应支付的现金股利或利润,借方登记实际支付的现金股利或利润,期末贷方余额反映企业尚未支付的现金股利或利润。企业根据通过的股利或利润分配方案确认应付给投资者的股利或利润时,借记"利润分配——应付股利"科目,贷记"应付股利"科目;向投资者支付股利或利润时,借记"应付股利"科目,贷记"现金"等科目。

（六）应付债券

债券是企业为筹集长期使用资金而发行的一种书面凭证。企业通过发行债券取得资金是以将来履行归还购买债券的本金和利息的义务作为保证的。企业发行的期限在一年以上(不含一年)的长期债券构成了企业的一项长期负债。

企业应在应付债券总账科目下分设"债券面值、债券溢价、债券折价、应计利息"四个明细科目；如债券采用分期付息，应设置"应付利息"流动负债科目。

基本会计处理：

(1)发行债券时(假设不考虑发行费用)：

借：银行存款

　　应付债券——债券折价

　　　贷：应付债券——债券面值

　　　　　　——债券溢价

(2)各期确认债券利息费用及溢价或折价摊销时：

借：在建工程或财务费用

　　应付债券——债券溢价

　　　贷：应付债券——应计利息(或应付利息)

　　　　　　——债券折价

(3)支付债券本息时：

借：应付债券——应计利息(或应付利息)

　　应付债券——债券面值

　　　贷：银行存款

重要概念及复习思考题

一、重要概念

1. 流动负债　　　2. 短期借款　　　3. 应付账款

4. 预收账款　　　5. 工资总额　　　6. 长期借款

7. 应付票据　　　　8. 应付工资　　　　9. 应付福利费

10. 应交税金　　　　11. 增值税　　　　　12. 应付股利

13. 应付债券　　　　14. 长期负债　　　　15. 商业汇票

二、复习思考题

1. 流动负债包括哪些主要内容？在其计价上一般采用未来应付金额体现了什么会计原则？有何利弊？

2. 短期借款和长期借款在核算上有何不同？

3. 一般纳税企业和小规模纳税企业在增值税的核算上有何不同？

4. 不同税种的应交税金如何确定其列支渠道？

5. 应付账款和预收账款有何区别和联系？

6. 工资总额包括哪些内容？其账户设置有何特点？为什么？

7. 应交税金核算的内容包括所有税种吗？为什么？

8. 应付债券的发行有几种方式？在内容和账务处理上有何特点？

9. 应付账款和其他应付款有何不同？

10. 应付账款和预付账款有何区别与联系？应收账款和预收账款有何区别与联系？

自测练习题及参考答案

一、单项选择题

1. 下列项目中，不属于流动负债的是（　　）。

　　A. 预付账款　　　　　　　　B. 预收账款

　　C. 预提费用　　　　　　　　D. 预计负债

2. 企业应付账款在实际支付价款时，如采用总价法而享有的现金折扣应（　　）。

   A. 冲减所购入物资的成本　　　B. 冲减当期的营业费用

   C. 冲减当期的财务费用　　　　D. 作为当期营业外收入

3. 企业由于债权单位的不同原因，而被债权人豁免或无法支付的应付账款经批准后应转作（　　）。

   A. 其他业务收入　　　　　　　B. 营业外收入

   C. 冲减管理费用　　　　　　　D. 资本公积

4. 一般纳税企业核算当月交纳以前各期所欠增值税款时，应通过（　　）明细科目核算。

   A. 应交税金——应交增值税（转出未交增值税）

   B. 应交税金——应交增值税（转出多交增值税）

   C. 应交税金——应交增值税（已交税金）

   D. 应交税金——未交增值税

5. 以下项目中，不通过应付工资科目核算的是（　　）。

   A. 在建工程人员工资　　　　　B. 医务福利人员工资

   C. 工会人员工资　　　　　　　D. 退休人员退休费

6. 下列项目中，不通过"应付账款"科目核算的是（　　）。

   A. 应付货物负担的增值税进项税额

   B. 应付货物的采购价款

   C. 应付销售企业代垫的运杂费

   D. 应付租金

7. 下列税种中，不通过"应交税金"科目核算的是（　　）。

   A. 所得税　　　　　　　　　　B. 印花税

   C. 资源税　　　　　　　　　　D. 房产税

8. 企业支付职工医药费用、职工困难补助等支出，应记入的账户是（　　）。

   A. 应付福利费　　　　　　　　B. 营业外支出

   C. 管理费用　　　　　　　　　D. 制造费用

9. 已知本期期初"应交税金——应交增值税"明细科目借方余额为 3 万元,本期各专栏在期末未结转前发生的有关税额如下:销项税额为 20 万元,进项税额为 9 万元,进项税额转出为 2 万元,本期应交增值税额为( )万元。

    A. 8　　　　　　　　　　　　B. 10

    C. 11　　　　　　　　　　　　D. 13

10. "应交税金——应交增值税"科目的借方余额反映的是( )。

    A. 尚未抵扣的增值税额　　　　B. 多交或预交的增值税额

    C. 以前期欠交的增值税额　　　　D. 不可抵扣的增值税额

11. 对于企业签发的银行承兑汇票在到期时,由于签发企业账面无款,应将应付票据的账面价值( )。

    A. 转为应付账款

    B. 转为短期借款

    C. 暂不进行处理,待有款时再行处理

    D. 转为待处理财产损溢

12. 下列流动负债中,属于应付金额肯定的是( )。

    A. 应付票据　　　　　　　　　B. 应付工资

    C. 应交税金　　　　　　　　　D. 预提费用

13. 企业管理部门计提的职工福利费应借记的科目是( )。

    A. 应付福利费　　　　　　　　B. 制造费用

    C. 管理费用　　　　　　　　　D. 生产成本

14. 某企业因采购商品开出 3 个月期限的商业票据一张。该票据的票面价值为 400000 元,票面年利率为 10%。该应付票据到期时,企业应支付的价款为( )。

    A. 400000　　　　　　　　　　B. 440000

    C. 410000　　　　　　　　　　D. 415000

15. 下列项目中,不属于工资总额的是( )。

    A. 计时工资和计件工资　　　 B. 经常性奖金及津贴和补贴

　　　C. 加班、加点工资　　　　　　　D. 独生子女补贴和劳动保险支出

16. 应由本期负担,但尚未支付的银行短期借款利息应计入(　　)。

　　　A. 管理费用　　　　　　　　　　B. 待摊费用

　　　C. 预提费用　　　　　　　　　　D. 制造费用

17. 某小规模纳税企业(征收率为 6%)本期购入原材料并已验收入库,
　　　其采购原材料取得增值税专用发票列明材料价款 10000 元,增值
　　　税额 1700 元,采购时另支付装卸、保险费用 100 元;本期以该批采
　　　购的原材料生产的产品对外实现销售价款(含税)35000 元。则该
　　　企业当期应交纳的增值税为(　　)元。

　　　A. 4250　　　　　　　　　　　　B. 3385.47

　　　C. 2100　　　　　　　　　　　　D. 1981.13

18. 下列项目中,不属于流动负债项目的是(　　)。

　　　A. 应交税金　　　　　　　　　　B. 应付利润

　　　C. 应付债券　　　　　　　　　　D. 预提费用

19. 下列项目中,不属于长期负债的是(　　)。

　　　A. 应付债券　　　　　　　　　　　B. 专项应付款

　　　C. 应付补偿贸易方式引进设备款　　D. 应付股利

20. 企业举借长期负债的主要目的是(　　)。

　　　A. 长期资产的购建　　　　　　　B. 用于非生产性的支出

　　　C. 债券溢(折)价　　　　　　　　D. 保持合理的权益结构比例

21. 企业发行到期一次还本、分期付息的债券,对于分期支付的利息在
　　　计息时,应贷记(　　)科目。

　　　A. 应付债券——应计利息　　　　B. 其他应付款——应计利息

　　　C. 专项应付款——应付利息　　　D. 应付利息

22. 长期应付款的具体负债形式与其他长期负债的形式相比较,其显
　　　著的特点是(　　)。

　　　A. 负债金额大　　　　　　　　　B. 以实物为信贷资金载体

　　　C. 要签订负债协议或合同　　　　D. 偿还期限长

23. 企业在筹建期间发生的其他借款的借款费用其归集科目是（　　）。

    A. 财务费用　　　　　　　　B. 营业外支出

    C. 长期待摊费用　　　　　　D. 在建工程

24. 某企业于 2001 年 4 月 1 日折价发行 5 年期一次还本付息的公司债券，债券面值为 100 万元，票面年利率为 4%，发行价格为 90 万元，采用直线法摊销。该债券 2001 年度的实际利息费用应为（　　）万元。

    A. 6.5　　　　　　　　　　B. 4.5

    C. 2　　　　　　　　　　　D. 1.5

25. 某企业 2002 年 7 月 1 日对外发行 4 年期、面值为 1000 万元的公司债券，债券票面年利率为 8%，一次还本付息，收到债券全部价款（发行费用略）976 万元。该债券采用直线法摊销，在中期期末和年度终了时计提债券的应付利息。2003 年 12 月 31 日，该应付债券的账面价值为（　　）万元。

    A. 1000　　　　　　　　　　B. 1080

    C. 1105　　　　　　　　　　D. 1120

26. 企业为购建固定资产的专门借款，其在所购建固定资产（　　）前的借款费用，应予以资本化。

    A. 办理竣工决算　　　　　　B. 交付使用

    C. 达到预定可使用状态　　　D. 全部工程完工

27. 应付账款的入账时间按商品货物的（　　）确定。

    A. 验收时间　　　　　　　　B. 合同约定时间

    C. 所有权发生转移的时间　　D. 单据开出时间

28. 以下项目中，不属于其他应付款核算范围的有（　　）。

    A. 应付租入包装物的租金　　B. 收取其他单位的保证金

    C. 应付职工统筹退休金　　　D. 预计应付利息

二、多项选择题

1. 下列项目中,属于流动负债的是(　　)。

　　A. 应付票据　　　　　　　　B. 短期借款

　　C. 应付短期债券　　　　　　D. 应付账款

2. 应付福利费可以使用的范围包括(　　)。

　　A. 医务福利人员的工资　　　B. 职工生活困难补助

　　C. 交纳职工医疗保险费　　　D. 职工福利设施的购建

3. 下列项目中,其列支渠道可以是"主营业务税金及附加"的
　　是(　　)。

　　A. 增值税　　　　　　　　　B. 营业税

　　C. 资源税　　　　　　　　　D. 消费税

4. 下列项目中属于负债的有(　　)。

　　A. 待摊费用　　　　　　　　B. 职工暂借的差旅费

　　C. 预收账款　　　　　　　　D. 预提费用

5. 以下经济业务中,可能导致一项负债减少的有(　　)。

　　A. 资产减少　　　　　　　　B. 增加一项负债

　　C. 增加实收资本　　　　　　D. 增加收入

6. 企业的负债可以用(　　)来偿付。

　　A. 产品　　　　　　　　　　B. 提供劳务

　　C. 举新债　　　　　　　　　D. 货币

7. 下列税种中,按规定应计入管理费用的有(　　)。

　　A. 土地使用税　　　　　　　B. 城市维护建设税

　　C. 车船使用税　　　　　　　D. 印花税

8. 以下账户中期末余额肯定是贷方的有(　　)。

　　A. 营业收入　　　　　　　　B. 短期借款

　　C. 实收资本　　　　　　　　D. 预收账款

9. 制造业工业企业涉及营业税的主要业务内容包括(　　)。

　　A. 出售或出租固定资产　　　B. 出售或出租无形资产

　　C. 提供非工业性劳务　　　　　　D. 销售不动产

10. 以下账户中期末余额在借贷方不一定的有（　　）。

　　A. 待摊费用　　　　　　　　　　B. 未分配利润

　　C. 长期借款　　　　　　　　　　D. 应交税金

11. 下列业务中,会计处理涉及"应交税金——应交增值税(销项税额)"的有(　　)。

　　A. 自产的库存商品用于在建工程

　　B. 购入的用于应税产品或应税劳务的原材料被专项工程领用

　　C. 以自产的库存商品用于对外投资

　　D. 购入的用于应税产品或应税劳务的原材料用于对外投资

12. 下列业务中,会计处理涉及"应交税金——应交增值税(进项税额转出)"的有(　　)。

　　A. 购入的用于应税产品或应税劳务的原材料被专项工程领用

　　B. 购入的用于应税产品或应税劳务的原材料用于对外投资

　　C. 库存商品或原材料发生非正常损失

　　D. 以库存商品或原材料对外捐赠

13. 对于预收账款,下列表述正确的是(　　)。

　　A. 预收账款是属于销售方的非货币性负债

　　B. 预收账款业务不多的企业,可以不设置"预收账款"科目,而通过"应收账款"科目核算预收的款项

　　C. "预收账款"所属明细科目的期末余额可能在借方,也可能在贷方

　　D. 企业在预收账款预收业务发生时产生经营活动的现金流入,但不能确认收入的实现

14. 委托加工应税消费品,委托方支付给加工方代扣代缴的消费税可能列支的渠道是(　　)。

　　A. 计入委托加工应税消费品的成本

　　B. 计入"应交税金——应交消费税"科目的借方

C. 冲减委托加工应交税消费品的成本

D. 计入"应交税金——应交消费税"科目的贷方

15. 企业实际支付短期借款的利息费用时，可能使用的会计科目
有（　　）。

A. 财务费用　　　　　　　　B. 预提费用

C. 管理费用　　　　　　　　D. 银行存款

16. 贷记银行存款，则借记的会计科目可能是（　　）。

A. 现金　　　　　　　　　　B. 本年利润

C. 应付福利费　　　　　　　D. 预提费用

17. 下列项目中，属于应付福利费列支的有（　　）。

A. 离退休人员工资　　　　　B. 医务经费

C. 医务福利部门人员的工资　D. 职工生活困难补助

18. 以下账户中期末余额肯定为 0 的有（　　）。

A. 应付票据　　　　　　　　B. 应付利润

C. 待处理财产损溢　　　　　D. 财务费用

三、判断题

1. "短期借款"科目的期末余额一定在贷方，表示企业尚未归还短期借
款的本息。（　　）

2. 企业发行不超过一年的债券，应设置"应付短期债券"科目核算，若
是溢价或折价发行，对其产生溢价或折价，一般不需单独核
算。（　　）

3. 视同销售是指企业的某些经济业务或事项，在会计上不作为销售，
按成本转账；而税法上确认为是销售行为，须按计税价格计算相应
的流转税。（　　）

4. 企业当期计算并交纳当期的增值税额，应通过"应交税金——应交
增值税"明细科目核算；而当期交纳以前所欠增值税款时，应通过
"应交税金——未交增值税"明细科目核算。（　　）

5. 固定资产和无形资产的出售均应计算并交纳营业税。（　　）

6. 预提费用是指先计入成本或损益而后支付的费用。（　　）

7. 预收账款虽然与应付账款均属于负债项目,较少发生时,可在应付账款账户核算。（　　）

8. 短期借款是企业向银行或其他金融机构借入的、本年度应偿还的各种借款。（　　）

9. 对于预收款业务不多的企业,可以不设置"预收账款"科目,企业在预收客户货款时,直接将其计入"应付账款"科目的贷方,以表示负债的发生。（　　）

10. 企业产生一项负债的同时,一般会产生一项资产。（　　）

11. 企业应付账款账户也可以核算预付账款的内容。（　　）

12. 应交税金的各子目不一定与主营业务税金及附加对应,但主营业务税金及附加各子目一定与应交税金对应。（　　）

13. 工程发生非正常原因的中断(属于无法预测不可抗力因素造成),其中断期间的专门借款费用应当暂停资本化。（　　）

14. 长期借款和短期借款科目的期末余额,均反映企业尚未归还银行或金融机构的借款本息。（　　）

15. 企业折价发行公司债券,在债券的存续期间进行折价摊销时,当期确认的实际利息费用一定大于按债券面值和票面利率及期限计算的名义利息。

16. 从理论上讲,影响债券发行价格的主要因素之一是,债券发行时的债券票面利率和债券发行时的市场利率不同而产生,当前者大于后者应折价发行,反之应溢价发行。（　　）

四、练习题

练习一

一、目的:练习应付账款和应付票据的会计处理。

二、资料:甲、乙两企业均为增值税的一般纳税人,增值税率为17%,原材料核算采用实际成本计价。2005 年 5 月份,发生如下商品购销业务:

　　1. 乙企业上月从甲企业购入的原材料已经验收入库,由于期末结算凭证未到,已按暂估料款 240000 元入账;而后该批原材料在本月 2 日收到相关结算凭证,增值税专用发票列明价款 260000 元,增值税款 44200 元,乙企业以银行存款支付运输单位的运费,普通发票列明运费金额为 8000 元;取得甲企业原材料的价税款均尚未支付。假设分别可能出现情况如下:

　　A. 乙企业于 6 月 1 日签发并承兑为期三个月的带息商业承兑汇票一张,票面利率为 4％,票面金额 304200 元;并于 6 月 30 日期末计息,票据到期时履约承兑。

　　B. 票据到期时乙企业账面无款。

　　C. 若上述的票据为银行承兑汇票,票据签发时乙企业以银行存款支付承兑手续费 300 元,票据到期时乙企业账面无款。

　　D. 甲企业收到乙企业的票据,因急需资金,于 2003 年 7 月 1 日将其贴现,年贴现率为 6％。

　　2. 乙企业上月末从甲企业购入的原材料已经验收入库,增值税专用发票列明价款 260000 元,增值税款 44200 元,乙企业以银行存款支付运输单位的运费,普通发票列明运费金额为 8000 元;而取得甲企业原材料的价税款均尚未支付;本月 2 日,假设乙企业以银行存款支付从甲企业的购入原材料的价税款,同时享有 4％的现金折扣(采用总价法,假设现金折扣不考虑增值税)。

　　三、要求:

　　1. 根据资料1,分别编制本月甲、乙两企业相关业务的会计分录。

　　2. 根据资料2,编制乙企业相关业务的会计分录。

练习二

　　一、目的:练习短期借款相关业务的会计处理。

　　二、资料:A 企业由于生产流动资金的不足,于 2004 年 4 月 1 日从银行借入为期 6 个月的短期借款,借款金额 400000 元,年利率为 6％,利息处理采用按月预提,季末结算并支付的方式。假设 A 企业履约到期还本付息。

三、要求:根据上述资料,编制 A 企业与借款业务相关的会计分录。

练习三

一、目的:练习"应交税金——应交增值税"相关业务的会计处理。

二、资料:甲公司为增值税一般纳税企业,适用的增值税率为 17%,原材料采用实际成本计价进行核算。该公司 2004 年 4 月 30 日"应交税金——应交增值税"明细科目的借方余额为 40000 元,并可在以后月份的销项税额中抵扣。5 月份发生如下涉及增值税的经济业务:

1. 购买原材料一批,增值税专用发票上注明价款 600000 元,增值税额 102000 元,甲公司已签发并承兑为期三个月不带息商业承兑汇票一张,票面金额 702000 元,该批原材料已验收入库。

2. 用原材料对外投资,双方协议按实际成本作价。该批原材料的实际成本和计税价格均为 410000 元。

3. 对外销售 A 产品一批,销售价格为 200000 元(不含税),实际成本 160000 元,提货单和增值税专用发票已交购货方,货款尚未收到,该项销售符合收入确认的各项条件。

4. 在建工程领用原材料一批,该原材料实际成本为 300000 元,应由该批原材料负担的增值税额为 51000 元。

5. 月末盘亏原材料一批,该批原材料取得时的实际成本为 100000 元,应负担的增值税进项税额为 17000 元。

6. 用银行存款交纳本月增值税 20000 元。

7. 月末将本月应交未交增值税额转入"应交税金——未交增值税"明细科目。

三、要求:

1. 根据上述资料编制与其业务相关的会计分录。

2. 计算该企业 2004 年 5 月份增值税的销项税额。

3. 计算该企业 2004 年 5 月份的应交增值税额。

注:"应交税金"科目要求列出明细科目及专栏名称。

练习四

一、目的：练习应付债券相关业务的会计处理。

二、资料：某企业于 2004 年 7 月 1 日发行 4 年期的公司债券，债券面值 200 万元，票面利率为 4％。假设分别以下不同情况（债券发行费用略）：

1. 债券的发行价格为 210 万元，采用每半年结付利息，到期还本。

2. 债券的发行价格为 190 万元；采用每年度计息，到期一次还本付息。

三、要求：根据上述的不同情况，编制相关发行业务的会计分录。

注：(1)列出"应付债券"的明细科目。

(2)金额单位以万元表示。

练习五

一、目的：练习长期借款相关业务的会计处理。

二、资料：某企业 2005 年 1 月 1 日从银行取得借款 800000 元，用于自行建造厂房，期限 2 年，年利率 10％，合同规定到期一次还本付息。该企业每年末计息。厂房于 2005 年底建造完工，办理竣工移交手续，并交付使用。根据有关记录，该厂房领用工程物资 520000 元，应负担工人工资 100000 元，以银行存款支付其他费用支出 20000 元。

三、要求：

1. 根据以上资料计算固定资产的建造成本，并做出发生各项工程支出时及工程完工交付使用时的会计分录。

2. 做出取得借款、每年末计息、归还借款时的会计分录。

参考答案

一、单项选择题

1. A	2. C	3. D	4. D
5. D	6. A	7. B	8. A
9. B	10. A	11. B	12. A

13. C	14. C	15. D	16. C
17. D	18. C	19. D	20. A
21. D	22. B	23. C	24. B
25. C	26. C	27. C	28. D

二、多项选择题

1. B、C	2. A、B、C	3. B、C、D	4. C、D
5. A、B、C、D	6. A、B、C、D	7. A、C、D	8. B、C
9. B、C、D	10. A、B、C、D	11. A、C、D	12. A、C
13. A、B、C、D	14. A、B	15. A、B、D	16. A、C、D
17. B、C、D	18. C、D		

三、判断题

1. ×	2. √	3. √	4. √
5. ×	6. √	7. ×	8. ×
9. ×	10. ×	11. √	12. ×
13. ×	14. ×	15. √	16. ×

第七章 所有者权益的核算

一、学习目的和要求

通过本章学习,了解所有者权益的概念、内容和企业的组织形式;掌握不同公司制组织形式投入资本的会计处理;了解资本公积的性质、内容和明细科目的设置;掌握资本公积具体内容及相关的会计处理;了解留存收益的内容、分类及形成的原因,掌握留存收益的会计处理。

二、重点内容

(一)有限责任公司与股份有限公司投入资本核算的区别

有限责任公司与股份有限公司均属于公司制的企业,均具有公司制企业的基本特征,公司的投资者以其投入的全部资产对公司的债务承担有限责任。

但在其投资者投入资本的会计核算上仍有一定的区别。主要表现如下：①有限责任公司的全部资本不分为等额股份；而股份有限公司的全部资本由等额股份构成。②有限责任公司向股东签发出资证明筹集资本；而股份有限公司主要是通过发行股票的方式来筹集资本。③有限责任公司的股东人数在两人以上，50人以下；而股份有限公司的股东人数有下限，但没有上限。④有限责任公司的股东转让出资时受到一定的公司章程限制；而股份有限公司以股票方式筹集的资本，持有股票的股东其股份可以自行交易或转让。⑤有限责任公司接受投资者投入资本，通过设置"实收资本"科目核算；而股份有限公司是通过设置"股本"科目核算，各表明投资人对该公司所有者权益中表决权所拥有的份额。

(二)资本公积

1. 资本公积的特征

资本公积是属于所有者权益的内容之一，其特征表现为属全体所有者共有，其主要的形成原因是非收益性转化。

2. 明细科目的设置

企业应在"资本公积"总账科目上分设"资本溢价(或股本溢价)、接受非现金资产捐赠准备、股权投资准备、拨款转入、关联交易差价、外币资本折算差额和其他资本公积"等明细科目，分别反映由于不同原因形成资本公积的具体内容。其中："接受非现金资产捐赠准备"和"股权投资准备"、"关联交易差价"等明细科目在其受赠资产或投资等尚未处置之前，不得转增资本(或股本)。

(三)留存收益

1. 留存收益的特征

留存收益是属于所有者权益的内容之一，是企业历年经营所得的收益性转化留存于企业的部分，属全体所有者共有。

2. 分类

留存收益按其是否按指定用途分为盈余公积和未分配利润。

(1)盈余公积。按其形成原因分为依法定比例提取形成的法定盈余公积和依股东大会决议形成的任意盈余公积;按其具体用途的不同可分为用于转增资本(需经股东大会决议批准,按原有股东持股比例结转,转增后留存的盈余公积数额不得少于注册资本的 25%)或弥补亏损的一般盈余公积。企业盈余公积的结存数额,实际上只表现企业所有者权益的组成部分,并不代表相应资产的占用形态,盈余公积无论是转增资本或是弥补亏损等不同用途,并不影响所有者权益总额的变动,仅是所有者权益不同项目不同的内容转换而已。

(2)未分配利润。未分配利润是属于企业的留存收益之一,它有两层含义:一是从用途上来讲,是属于尚未指定用途的留存收益;二是从报表反映的性质来讲,它可能是企业历年累计的尚未分配完,留待以后年度分配的净利润,也可能是企业历年累计的,留待以后年度弥补的亏损。

(四)企业弥补亏损的渠道

1. 以后年度实现的税前利润或税后利润弥补

无论是税前利润弥补还是税后利润弥补,均不需作专门的账务处理。两者所影响的只是计算交纳所得税的处理不同而已。

2. 盈余公积弥补

企业可以用法定一般盈余公积和任意盈余公积弥补亏损。

重要概念及复习思考题

一、重点概念

1. 实收资本（股本）　　2. 资本公积　　3. 留存收益
4. 资本溢价（股本溢价）　5. 弥补亏损

二、复习思考题

1. 企业所有者权益一般包括哪些内容？

2. 所有者权益有哪些性质？

3. 所有者权益与负债的主要区别有哪些？

4. 合伙企业与有限责任公司在所有者权益上有何区别？

5. 有限责任公司与股份有限责任公司的股东权益有何异同？

6. 所有者权益减少的可能原因有哪些？

7. 增加股本的途径有哪三种？

8. 什么是资本公积？资本公积的主要内容有哪些？

9. 什么是留存收益？留存收益包括哪些内容？

10. 比较资本公积和盈余公积在形成、用途及会计处理上的异同点。

自测练习题及参考答案

一、单项选择题

1. 某企业现有注册资本 2000 万元,法定盈余公积余额为 1000 万元,可用于转增资本的数额为(　　)万元。

   A. 1000　　　　　　　　　　B. 500

   C. 400　　　　　　　　　　 D. 200

2. 不同组织形式的企业在所有者权益的核算上是有差异的,其区别主要在于对(　　)的核算上。

   A. 实收资本　　　　　　　　B. 资本公积

   C. 盈余公积　　　　　　　　D. 未分配利润

3. 股份有限公司收购本公司股票减资时,如果原为溢价发行的,则收购价格高于面值的部分冲减有关所有者权益的顺序为(　　)。

   A. 资本公积、盈余公积、未分配利润

   B. 资本公积、未分配利润、盈余公积

   C. 未分配利润、资本公积、盈余公积

   D. 盈余公积、未分配利润、资本公积

4. 企业实有资金比原注册资金数额增减超过(　　)时,应持资金使用证明或者验资证明,到原登记机关申请变更登记。

   A. 10%　　　　　　　　　　B. 25%

   C. 20%　　　　　　　　　　D. 50%

5. 企业接受(　　)投资,国家规定有比例的限制。

   A. 银行存款　　　　　　　　B. 存货

   C. 固定资产　　　　　　　　D. 无形资产

6. 下列各资本公积项目中,不可以直接用于转增资本的有(　　)。

   A. 资本溢价　　　　　　　　B. 接受现金捐赠

C. 股权投资准备　　　　　　　　D. 外币资本折算差额

7. 用盈余公积弥补以前年度亏损时,除借记"盈余公积——一般盈余公积"账户外,还要贷记(　　)。

　　A."利润分配——未分配利润"

　　B."利润分配——盈余公积转入"

　　C."本年利润"

　　D. 以上都不是

8. 我国财务制度规定,盈余公积可用于弥补亏损、转增资本,股份有限公司还可以按照股东大会决议发放股利,法定盈余公积用于弥补亏损、转增资本和发放股利后不得低于注册资本的(　　)。

　　A. 30%　　　　　　　　　　　　B. 35%

　　C. 25%　　　　　　　　　　　　D. 20%

二、多项选择题

1. 资本公积在下列(　　)情况下可能出现借方发生额。

　　A. 接受外币投资　　　　　　　　B. 发生外币捐赠

　　C. 转增资本　　　　　　　　　　D. 减资

2. 下列各项中,属于留存收益的有(　　)。

　　A. 法定盈余公积　　　　　　　　B. 任意盈余公积

　　C. 未分配利润　　　　　　　　　D. 实收资本

3. 下列各项中,不会引起所有者权益总额发生变动的是(　　)。

　　A. 用盈余公积弥补亏损　　　　　B. 向投资者分配利润

　　C. 用资本公积转增资本　　　　　D. 提取盈余公积

4. 下列各项中,能引起所有者权益总额增加的是(　　)。

　　A. 本年度实现的净利润

　　B. 接受外商捐赠一台设备

　　C. 用资本公积转增资本

　　D. 本年度有新的投资者投入资本

5. 未分配利润的含义是(　　)。

A. 这部分净利润没有分给投资者

B. 这部分净利润指定了专门用途

C. 这部分净利润未指定用途

D. 这部分净利润不再参与企业以后年度的利润分配

6. 企业发生亏损应自行弥补,弥补的渠道大体有以下几条(　　　)。

A. 用以后年度税前利润弥补　　　B. 用以后年度税后利润弥补

C. 用盈余公积弥补　　　　　　　D. 向银行借款弥补

7. 盈余公积可用于(　　　)。

A. 弥补亏损　　　　　　　　　　B. 转增股本

C. 转为资本公积　　　　　　　　D. 向投资者分配利润

8. 企业自行弥补亏损的合法渠道包括(　　　)。

A. 用以后年度税前利润弥补　　　B. 用以前年度税后利润弥补

C. 用盈余公积弥补　　　　　　　D. 用资本公积弥补

三、判断题

1. 股份有限公司"股本"账户的期末贷方余额就是股票发行价与发行股数的乘积。(　　　)

2. 企业在接受无形资产投资时,其占整个资产的比例没有限制。(　　　)

3. 某些来源形成的资本公积不能转增资本。(　　　)

4. 当企业投资者投入的资本高于其注册资本时,应当将高出的部分计入营业外收入。(　　　)。

5. 按有关规定,经批准后可以将各项资本公积转增股本。(　　　)

6. 当盈余公积达到净资产的50%时,企业可以继续提取也可以不再提取盈余公积。(　　　)

7. 现金股利会减少留存收益总额,股票股利不影响留存收益总额。(　　　)

四、练习题

练习一

一、资料：某有限责任公司由 A、B、C 三位投资者共同建立，股权比例为
1：2：1，资本总额为 1600000 元。本年度发生如下经济业务：

1. 公司新吸收投资者 D，D 以 500000 元的现金投资，取得公司 1/5 的
股权，公司注册资本 200 万元。

2. 本年度从税后利润中提取盈余公积 112500 元。

3. 决定以一般盈余公积 60000 元转增资本。

4. 该公司购买了一台锅炉，用于职工浴室，价款 120000 元，以银行存
款支付。

二、要求：为以上经济业务作出相关的会计分录。

练习二

一、资料：公司年末经决策，将全年实现净利润 1600 万元作如下分配：

1. 提取 15％的法定盈余公积金。

2. 提取 10％的任意盈余公积金。

3. 按普通股面值的 5％计提普通股股利（6000 万股普通股，每股面值 1
元）。

二、要求：编制对净利润进行分配的会计分录。

练习三

一、资料：某公司年末发生如下经济业务：用盈余公积弥补亏损 40000
元；用盈余公积转增资本 100000 元。

二、要求：根据以上资料编制有关的会计分录。

参考答案

一、单项选择题

1. B　　　　2. A　　　　3. A　　　　4. C

5. D　　　　6. C　　　　7. B　　　　8. C

二、多项选择题

1. A、C、D　　2. A、B、C　　3. A、C、D　　4. A、B、D

5. A、C　　　6. A、B、C　　7. A、B、D　　8. A、B、C

三、判断题

1. ×　　　　2. ×　　　　3. √　　　　4. ×

5. ×　　　　6. √　　　　7. ×

第八章　收入的核算

一、学习目的和要求

通过本章学习，了解特殊销售商品业务收入、特殊劳务交易收入、让渡资产使用权收入的内容和特点；熟悉收入的基本概念及特点；掌握商品销售收入、提供劳务收入和让渡资产使用权收入确认的一般原则；掌握主营业务收入、其他业务收入及提供劳务收入等业务的会计处理。

二、重点内容

(一)收入的概念及分类

1. 收入

收入是指企业在日常活动中形成的、会导致所有者权益增加的、与所有者投入资本无关的经济利益的总流入。

2. 分类

按收入的性质分为销售商品收入、提供劳务收入及让渡资产使用权产生的收入;按收入的主次分为主营业务收入和其他业务收入。

(二)一般商品销售收入的确认原则

销售商品收入同时满足下列条件的,才能予以确认:

(1)企业已将商品所有权上的主要风险和报酬转移给购货方。

(2)企业既没有保留通常与所有权相联系的继续管理权,也没有对已售出的商品实施有效控制。

(3)收入的金额能够可靠地计量。

(4)相关经济利益很可能流入企业。

(5)相关的、已发生的或将发生的成本能够可靠计量。

(三)商品销售收入的计量

(1)一般原则:按照从购货方已收或应收的合同或协议价款确定商品销售收入金额;已收或应收的合同或协议价款与其公允价值相差较大的,应按照应收的合同或协议价款的公允价值确定销售商品收入金额,应收的合同或协议价款与其公允价值之间的差额,应当在合同或协议期间内采用实际利率法进行摊销,计入当期损益。

(2)现金折扣:按照扣除现金折扣前的金额来确认销售商品收入。现金折扣在实际发生时计入当期损益。

(3)商业折扣:按照扣除商业折扣后的金额来确认销售商品收入金额。

(4)销售折让:销售折让在发生时冲减当期销售商品收入。销售折让属于资产负债表日后事项的,适用《企业会计准则第 29 号——资产负债表日后事项》。

(5)销售退回:在发生时冲减当期的销售商品收入。销售退回属于资产负债表日后事项的,适用《企业会计准则第 29 号——资产负债表日后事项》。

(四)提供劳务收入

(1)在同一会计年度内开始并完成的劳务,应在劳务完成时确认收入,确认的金额为合同或协议总金额,确认方法可参照商品销售收入的确认原则。

(2)如劳务的开始和完成分属不同的会计年度,且在资产负债表日能对该项交易的结果作出可靠估计的,应按完工百分比法确认提供劳务收入。提供劳务的结果能否可靠估计,依据以下条件进行判断,如同时满足以下条件,则交易的结果能够可靠地估计:①收入的金额能够可靠计量。②相关的经济利益很可能流入企业。③交易的完工进度能够可靠确定。④交易中已发生的和将发生的成本能够可靠计量。对于提供劳务交易的完工进度,可以选用的方法有:已完工作的测量、已经提供的劳务占应提供的劳务总量的比例;已经发生的成本占估计总成本的比例。

(3)如劳务的开始和完成分属不同的会计年度,且在资产负债表日提供劳务交易结果不能够可靠估计的,应当分别情况处理:①已发生的劳务成本预计能够得到补偿的,应按已经发生的劳务成本金额确认收入,并按相同金额结转成本。②已发生的劳务成本预计不能够得到补偿的,应当将已经发生的劳务成本计入当期损益,不确认提供劳务收入。

(五)主要特殊商品销售收入的确认原则

(1)代销:无论是视同买断还是收取手续费的代销方式,委托方均应于收到代销方代销清单时再确认收入。

(2)分期收款销售:应按照合同约定的收款日期分期确认销售收入。

(3)附有销售退回条件的商品销售:应在产生销售退回可能性消失时确认收入。但如果企业能够按照以往的经验对退货的可能性作出合理估计的,应在商品发出时,将估计不会发生退货的部分确认收入;而对于估计可能发生退货的部分不确认收入。

(六)让渡资产使用权收入

1. 分类

利息收入、使用费收入和现金股利收入。

2. 确认原则

让渡资产使用权收入同时满足下列条件的,才能予以确认:

(1)相关的经济利益很可能流入企业;

(2)收入的金额能够可靠地计量。

3. 计量

(1)利息收入金额,按照他人使用本企业货币资金的时间和实际利率计算确定;

(2)使用费收入金额,按照有关合同或协议约定的收费时间和方法计算确定;

(3)现金股利收入金额,按照被投资单位宣告的现金股利分配方案和持股比例计算确定。

(七)收入确认的一般会计处理

1. 确认商品销售收入

借:应收账款(银行存款、应收票据)

　　贷:主营业务收入(其他业务收入)

　　　　应交税金——应交增值税(销项税额)

2. 结转商品销售成本

借:主营业务成本(其他业务支出)

　　贷:库存商品

　　　　委托代销商品

　　　　发出商品

分期收款发出商品

原材料等

3. 期末,结转相关收入

借:主营业务收入

其他业务收入

贷:本年利润

重要概念及复习思考题

一、重要概念

1. 收益　　　　2. 收入　　　　3. 利得

4. 销售商品收入　　5. 提供劳务收入　　6. 让渡资产使用权收入

7. 主营业务收入　　8. 其他业务收入　　9. 商业折扣

10. 现金折扣　　11. 销售折让　　12. 完工百分比法

二、复习思考题

1. 什么是收入?它有哪些特点?按不同的标准可以分为哪几类?

2. 确认商品销售收入的具体原则有哪些?

3. 不同的销售方式下如何确认销售收入?

4. 不同的情况下,如何确认劳务收入?

5. 发生的主营业务收入及相关业务如何进行会计处理?

6. 其他业务收入包括哪些内容?

7. 发生的劳务收入及相关业务如何进行会计处理？

8. 何为销售折扣？何为销售折让？两者有何不同？

9. 让渡资产使用权收入应如何确认和计量？

自测练习题及参考答案

一、单项选择题

1. 下列项目中,不符合"收入"会计要素定义的是(　　)。

    A. 销售材料取得的款项　　　　B. 出租无形资产取得的款项

    C. 出售固定资产取得的款项　　D. 提供工业性劳务取得的款项

2. 企业销售商品实际发生的销售折让应作为当期的(　　)。

    A. 营业费用　　　　　　　　　B. 冲减营业收入

    C. 营业成本　　　　　　　　　D. 财务费用

3. 企业销售商品实际发生的现金折扣,应在实际发生时作为当期的(　　)。

    A. 营业费用　　　　　　　　　B. 冲减营业收入

    C. 营业成本　　　　　　　　　D. 财务费用

4. 下列项目中,属于其他业务收入的是(　　)。

    A. 销售自制商品取得的收入　　B. 销售代制品取得的收入

    C. 销售代修品取得的收入　　　D. 销售原材料取得的收入

5. 企业以前月份或以前年度销售的商品在确认收入后发生销货退回,如不属于资产负债表日后事项的销售退回,正确的处理是(　　)。

    A. 追溯调整以前销售月份或以前销售年度的收入、成本和相关税金

    B. 直接调整退回当月的收入、成本和相关税金

    C. 在退回当月以备查簿记录,日后再向购货方销售同类或同种商品量予以抵减

  D. 不需调整原已确认的销售商品收入、成本和相关税金,只需将退
    还给购货方的款项直接调减退回当期的留存收益

6. 企业对外销售需要安装的商品,若安装和检验属于销售合同的重要
  组成部分,则确认该商品销售收入时点是( )。

  A. 发出商品时

  B. 收到商品的销售货款时

  C. 商品运达购货方并开始安装时

  D. 商品安装完毕并检验合格时

7. 在采用分期收款方式销售商品时,销售方确认该商品销售收入的时
  点是( )。

  A. 商品发出时   B. 商品运达购货方指定位置时

  C. 销售合同约定的收款日   D. 收到该商品的全部款项时

8. 在视同买断销售商品的委托代销方式下,委托方确认收入的时点
  是( )。

  A. 委托方交付商品时   B. 受托方销售商品时

  C. 委托方收到代销清单时   D. 委托方收到款项时

9. 销售合同规定了由于特殊原因买方有权退货的条款,而企业又不能
  确定退货的可能性,其收入确认的时间是( )。

  A. 发出商品时   B. 收到货款时

  C. 签订合同时   D. 退货期满时

10. 如果企业销售的商品需要安装和检验,但由于安装程序比较简单,
   检验也是为了最终确定合同价格而必须进行的程序时,这种商品
   销售确定收入的时点是( )。

  A. 发出商品时   B. 收到货款时

  C. 安装完毕并检验合格时   D. 签订合同时

二、多项选择题

1. 下列项目中,不应确认为收入的有( )。

  A. 销售商品收取的增值税   B. 出售飞机票时代收的保险费

C. 销售商品收到的货款　　　　D. 销售商品时代垫的运杂费

2. 收入的特征表现为（　　）。

A. 收入可能表现为资产增加

B. 收入可能表现为负债减少

C. 收入包括本企业的经济利益的流入

D. 收入从日常活动中产生，而不是从偶发的交易或事项中产生

3. 以下关于收入确认正确的表述有（　　）。

A. 如果说企业不能合理确定退货可能性时，附有销售退回条件的
　　商品销售应于退货期满确认收入

B. 视同买断的代销商品，委托方收到代销清单时确认收入

C. 有现金折扣的销售，按照未扣现金折扣前的金额作为收入确认

D. 收取手续费的代销商品，委托方将手续费冲减主营业务收入

4. 下列项目中，属于其他业务收入的是（　　）。

A. 出租无形资产收入　　　　B. 出售无形资产收入

C. 出售原材料收入　　　　　D. 出售商品收入

5. 下列项目中，不属于"收入"会计要素的是（　　）。

A. 其他业务收入　　　　　　B. 主营业务收入

C. 补贴收入　　　　　　　　D. 营业外收入

6. 下列各项内容中，不应确认为收入的交易和事项有（　　）。

A. 一般纳税企业对外销售商品时应向购买方收取的增值税销项
　　税额

B. 转让尚未到期的长期债券投资取得的净收益

C. 出售不需用固定资产取得的净收益

D. 出租无形资产使用权取得的租金

7. 企业在商品已经发出，但由于不符合收入确认的原则条件，所以应
　　按发出商品的实际成本转入的科目可能是（　　）。

A. 主营业务成本　　　　　　B. 分期收款发出商品

C. 委托代销商品　　　　　　D. 发出商品

8. 下列有关收入的表述中,正确的有( )。

A. 在同一会计年度内开始并完成的劳务,按完工百分比法确认各月收入

B. 在提供劳务交易的结果不能可靠估计的情况下,如果已经发生的劳务成本预计能够得到补偿的,应按已发生的劳务成本金额确认收入,同时,按相同的金额结转成本,不确认利润

C. 劳务的开始和完成分属不同的会计年度,且在资产负债表日能对该项交易的结果作出可靠估计的,应按完工百分比法确认收入

D. 资产负债表日不能对交易的结果作出可靠估计的,应按已经发生并预计能够补偿的劳务成本确认收入

9. 下列项目中,属于商品销售收入确认条件的是( )。

A. 企业已将商品所有权上的主要风险和报酬转移给买方

B. 企业既没有保留通常与所有权相联系的继续管理权,也没有对已售出的商品实施控制

C. 与交易相关的经济利益能够流入企业

D. 相关的收入和成本能够可靠地计量

三、判断题

1. 企业按合同规定预收货款时,应于预收货款入账时,作为销售收入的实现。( )

2. 企业发生的销售折让不作账务处理。( )

3. 商业折扣发生时不扣减收入,即收入按不扣除商业折扣的总额入账。( )

4. 销售商品涉及现金折扣的,应当按照扣除现金折扣前的金额来确认销售商品收入金额。现金折扣在实际发生时计入当期损益。( )

5. 企业已经确认销售商品收入的售出商品发生销售退回的,如不属于资产负债表日后事项,应当在发生时,冲减当期的销售商品收

入。（　　）

6. 企业在劳务收入的确认上，对于在同一会计年度内开始并完成的劳务，应在劳务完成时确认劳务收入；而对于劳务的开始和完成分属不同的会计年度，且在资产负债表日能对交易结果作出合理估计的应按完工百分比法确认劳务收入。（　　）

7. 企业不应仅以销售商品是否已经发出或销售的款项是否已经收到作为确认收入实现的基本标准。（　　）

8. 采用附有销售退回条件的商品销售时，应在购买方正式接受商品时，或在退货期满时确认营业收入。（　　）

9. 采用分期收款销售商品情况下，每期应于收到款项时确认收入实现。（　　）

四、练习题

练习一

一、目的：练习一般商品销售收入的核算。

二、资料：A 公司 2006 年 5 月 12 日向 B 公司销售商品一批，价款为 60000 元，增值税率为 17％，该批商品成本为 40000 元，适用消费税率为 5％，款项尚未收到。该批商品销售符合收入确认的条件。

三、要求：作出上述相关业务的会计分录。

练习二

一、目的：练习现金折扣的核算。

二、资料：A 公司 2006 年 5 月 5 日向 C 公司销售商品一批，价款为 200000 元，增值税率为 17％，成本为 80000 元，A 公司在销售合同中规定的付款条件为：2/10,1/20,N/30（假设计算现金折扣时不考虑增值税）。

三、要求：分别作出 A 公司在 2006 年 5 月 12 日、5 月 23 日、5 月 30 日收到款项时的会计分录。

练习三

一、目的:练习销售折让的核算。

二、资料:A 公司 2005 年 5 月 12 日向 D 公司销售商品一批,价款为 100000 元,增值税率为 17%,款项尚未收到;商品成本为 80000 元。商品运达 D 公司后,D 公司发现商品有部分质量问题,提出在价格上给予一定的折让,A 公司于 5 月 16 日研究后决定给予 D 公司 3% 的折让。

三、要求:作出上述相关业务的会计分录。

练习四

一、目的:练习销售退回的核算。

二、资料:A 公司 2006 年 3 月 19 日向 E 公司销售商品一批,价款为 60000 元,增值税率为 17%,商品成本为 45000 元。E 公司已于当年 4 月 18 日付清有关款项。E 公司在商品验收入库时发现商品质量不符合要求,于 5 月 5 日退回上述商品。

三、要求:作出上述相关业务的会计分录。

练习五

一、目的:练习商品销售的核算。

二、资料:某公司为增值税的一般纳税人,增值税率为 17%。本月发生下列有关销售的经济业务:

1. 向甲公司销售 A 产品 200 件,每件不含税单位售价为 80 元,共应收增值税销项税额 2720 元,该公司交来转账支票一张,已送开户银行。

2. 收到乙公司购买 B 产品的预付货款 17000 元,已存入银行。

3. 采用托收承付结算方式,向丙公司销售 A 产品 260 件,价款 20800 元,增值税销项税额 3536 元,开出转账支票代垫运费 450 元,托收金额共 24786 元,企业已向银行办妥托收手续,并已取得索取价款的凭据。

4. 计算本月应交城建税 1840 元,应交教育费附加 736 元。

5. 向预付货款的乙单位发出 B 产品 50 件,每件不含税单位售价 350 元,价款共 17500 元,增值税款 2975 元,企业以银行存款代垫运费 655 元。余款尚未收到。

6. 月末,根据本月产品销售数量和产品的实际单位成本(采用全月一次加权平均法)结转已实现销售产品的销售成本。本月 A 产品和 B 产品的销售数量分别为 460 件和 50 件,加权平均单位成本分别为 62 元和 320 元。

三、要求:根据上列各项编制有关的会计分录。

参考答案

一、单项选择题

1. C	2. B	3. D	4. D
5. B	6. D	7. C	8. C
9. D	10. A		

二、多项选择题

1. A、B、D	2. A、B、C、D	3. A、B、C	4. A、C
5. C、D	6. A、B、C	7. B、C、D	8. B、C、D
9. A、B、C、D			

三、判断题

1. ×	2. ×	3. ×	4. √
5. √	6. √	7. √	8. √
9. ×			

第九章　成本、费用的核算

一、学习目的和要求

通过本章的学习，掌握费用、生产成本和期间费用的概念；掌握生产成本核算的一般程序；掌握要素费用的核算；掌握辅助生产费用和制造费用的核算；掌握管理费用、营业费用和财务费用的内容和核算。熟悉生产费用在完工产品与在产品之间分配的核算；熟悉完工产品成本的结转；了解产品成本计算方法。

二、重点内容

(一)成本、费用概述

费用是指企业在日常活动中发生的会导致所有者权益减少的、与向所有者分配利润无关的经济利益的总流出。按经济内容进行分类，可以分为外购材料、外购燃料、外购动力、工资费用、职工福利费用、折旧费用、修理费用等要素费用。按经济用途,可以分为生产成本和期间费用两大类。其中,生产成本分为原材料、燃料及动力、工资及福利费和制造费用;期间费用是指企业当期发生的直接计入损益的费用,包括管理费用、营业费用和财务费用。

(二)生产成本的核算

生产成本的核算要按一定的程序进行。首先确定费用应不应开支,应开支的费用,应不应计入产品成本;然后确定成本计算对象,将计入本期产品成本的各种费用在各种产品之间进行归集和分配,计算出各种产品成本;对既有完工产品又有在产品的,采用一定的方法将计入同一成本计算对象里的生产费用在其完工产品和在产品之间进行再分配和再归集,计算出该种完工产品的成本。

辅助生产费用的归集和分配,是通过"生产成本——辅助生产成本"科目进行的。分配辅助生产费用的方法,主要有直接分配法、交互分配法和按计划成本分配法等。

制造费用的分配方法,通常有生产工人工时比例法、生产工人工资比例法、机器工时比例法和按年度计划分配率分配法等。

生产费用在完工产品与在产品之间分配方法有:不计算在产品成本法、在产品按固定成本计价法、在产品按所耗原材料费用计价法、约当产量比例法、在产品按定额成本计价法、在产品按完工产品计算法和定额比例法等。

企业在进行成本计算时,还必须根据其生产经营特点、生产组织类型和成本管理要求,确定成本计算方法。成本计算的基本方法有品种法、分批法和分步法三种。

(三)期间费用

期间费用是指本期发生的直接计入损益的费用,主要包括管理费用、营业费用和财务费用。

管理费用是指企业为组织和管理生产经营活动而发生的各种费用。企业发生的管理费用在"管理费用"科目核算,并按照费用项目设置明细科目进行明细核算。期末,应将"管理费用"的余额转入"本年利润"科目。

营业费用是指企业在销售过程中所发生的费用以及销售本企业产品而专设的销售机构的经常费用。企业发生的营业费用在"营业费用"科目核算,并按照费用项目设置明细科目进行明细核算。期末,应将"营业费用"的余额转入"本年利润"科目。

财务费用是指企业为筹集生产经营所需资金而发生的各项费用。企业发生的财务费用在"财务费用"科目核算,并按照费用项目设置明细科目进行明细核算。期末,应将"财务费用"的余额转入"本年利润"科目。

重要概念及复习思考题

一、重要概念

1. 费用　　　　　2. 生产成本　　　　　3. 期间费用

4. 要素费用　　　　　　　　　　　5. 产品成本项目

6. 辅助生产费用的交互分配法　　　7. 制造费用

8. 待摊费用　　　　　　　　　　　9. 预提费用

10. 辅助生产费用的计划成本分配法　11. 约当产量比例法

12. 定额比例法　　13. 品种法　　　　14. 分步法

15. 分批法　　　　16. 管理费用　　　17. 财务费用

18. 营业费用

二、复习思考题

1. 费用的概念及特征？

2. 简述工业企业成本核算的一般程序。

3. 生产费用在完工产品与在产品之间的分配方法有哪些？

4. 产品成本计算的基本方法有哪些？

自测练习题及参考答案

一、单项选择题

1. 产品的制造成本是指企业为生产一定种类、一定数量的产品所支出的各项（　　）之和。

　　A. 生产经营管理费用　　　　　　B. 物化劳动和活劳动的耗费

　　C. 直接费用和间接费用　　　　　D. 制造费用和期间费用

2. 下列内容中，不属于要素费用的是（　　）。

　　A. 折旧费　　　　　　　　　　　B. 燃料和动力

　　C. 税金　　　　　　　　　　　　D. 其他支出

3. 生产车间领用的直接用于产品生产、有助于产品形成的辅助材料，应借记的科目是（　　）。

　　A. 生产成本　　　　　　　　　　B. 辅助材料

　　C. 制造费用　　　　　　　　　　D. 原材料

4. 采用辅助生产费用分配的交互分配法，对外分配的费用总额是（　　）。

　　A. 交互分配前的费用

　　B. 交互分配前的费用加上交互分配转入的费用

C. 交互分配前的费用减去交互分配转出的费用

D. 交互分配前的费用加上交互分配转入的费用减去交互分配转出的费用

5. 分配辅助生产费用时,能够提供准确的费用分配资料的方法是( )。

A. 直接分配法　　　　　　　　B. 交互分配法

C. 代数分配法　　　　　　　　D. 按计划成本分配法

6. "制造费用"科目月末( )。

A. 一定没有余额

B. 如果有余额,余额一定在借方

C. 如果有余额,余额一定在贷方

D. 可能有借方或贷方余额

7. 如果某种产品的月末在产品数量较多,各月在产品数量变化较大,各项费用的比重相差不多,生产费用在完工产品与月末在产品之间分配,应采用的方法是( )。

A. 在产品不计算成本法　　　　B. 在产品按固定成本计价法

C. 在产品按所耗原材料费用计价法　D. 约当产量比例法

8. 某产品经三道工序加工而成。各工序的工时定额分别为 10 小时、20 小时、20 小时。各工序在产品在本工序的加工程度按工时定额的 50% 计算。第三工序的完工率为( )。

A. 40%　　　　　　　　　　　B. 50%

C. 80%　　　　　　　　　　　D. 100%

9. 下列各项中,属于各种产品成本计算方法都必须提供的是( )。

A. 按品种反映的产品成本　　　B. 按批别反映的产品成本

C. 按生产步骤反映的产品成本　D. 产品定额成本

10. 生产特点和管理要求对产品成本计算的影响主要表现在( )上。

A. 完工产品和在产品的费用分配　B. 产品成本计算对象

C. 要素费用的归集和分配　　　D. 产品成本计算日期

二、多项选择题

1. 工业企业的生产经营管理费用包括(　　)。

    A. 生产费用　　　　　　　　B. 营业费用

    C. 管理费用　　　　　　　　D. 财务费用

2. 对费用的最基本的分类是(　　)。

    A. 按经济用途　　　　　　　B. 按计入产品成本的方法

    C. 按经济内容　　　　　　　D. 按与生产工艺的关系

3. 下列各项中,属于直接计入费用的有(　　)。

    A. 几种产品共同耗用的原材料费用

    B. 一种产品耗用的生产工人工资

    C. 几种产品共同负担的机器设备折旧费

    D. 一种产品负担的制造费用

4. 下列提法中正确的有(　　)。

    A. "待摊费用"科目可能有借方余额

    B. "待摊费用"科目可能有贷方余额

    C. "预提费用"科目可能有借方余额

    D. "预提费用"科目可能有贷方余额

5. 下列方法中,属于辅助生产费用分配方法的有(　　)。

    A. 直接分配法　　　　　　　B. 交互分配法

    C. 约当产量法　　　　　　　D. 代数分配法

6. 在辅助生产的制造费用通过"制造费用"科目核算的企业中,直接记入"生产成本——辅助生产成本"科目借方的费用可能有(　　)。

    A. 辅助生产车间工人工资　　B. 辅助生产车间管理人员工资

    C. 辅助生产车间动力电费　　D. 辅助生产车间照明电费

7. 各月份在产品数量较多而且变化也较大,在完工产品与月末在产品之间分配生产费用时,不宜采用的方法有(　　)。

    A. 在产品不计算成本法　　　B. 在产品按固定成本计算法

    C. 约当产量比例法　　　　　D. 在产品按定额成本计价法

8. 采用制造费用分配的按年度计划分配率分配法,( )。

A. "制造费用"科目的余额可能列入存货项目

B. "制造费用"科目的余额可能列入预提费用项目

C. 年度计划分配率在年度内可能调整

D. 每月分配制造费用时可以不考虑本月实际发生的制造费用

9. 选择生产费用在完工产品与在产品之间分配的方法时,应考虑的因素有( )。

A. 在产品数量的多少　　　　B. 各月在产品数量变化的大小

C. 各项费用比重的大小　　　　D. 定额管理基础的好坏

10. 下列各项中,属于确定具体的成本计算方法要考虑的因素有( )。

A. 生产特点　　　　　　　　B. 产品品种

C. 管理要求　　　　　　　　D. 产品产量

三、判断题

1. 按照费用要素分类核算工业企业费用,能够分析各项费用支出是否节约、合理。( )

2. 为了均衡各月份产品成本水平,企业发生的金额较大的支出,均应作为待摊费用处理。( )

3. 企业发生的直接用于产品生产、专门设有成本项目的费用,应单独记入"生产成本——基本生产成本"总账科目。( )

4. 凡是受益期限超过一个月的费用,不论其金额大小,均应作为待摊费用或预提费用处理。( )

5. 辅助生产费用在月末要全部分配转出,因而"生产成本——辅助生产成本"科目月末应无余额。( )

6. 制造费用是工业企业为生产产品而发生的应该计入产品成本、但没有专设成本项目的各项生产费用。( )

7. 在设立总厂、分厂、车间各级机构的企业中,分厂发生的没有专设成本项目的费用也是制造费用。( )

8. 采用约当产量比例法分配原材料费用的完工率与分配加工费用的完工率有时是通用的。（　　　）

9. 不论什么工业企业，不论什么生产类型的产品，也不论管理要求如何，最终都必须按照产品品种算出产品成本。（　　　）

四、练习题

练习一

一、资料：某企业某车间本月生产甲、乙、丙三种产品，共同领用原材料费用 12000 千克，每千克计划单价 8 元，材料成本差异率为＋2％，本期三种产品的实际产量分别为 400 件、500 件、600 件，单件材料消耗定额分别为 50 千克、30 千克和 75 千克，按定额耗用量比例分配材料费用。

二、要求：求出甲、乙、丙三种产品的原材料费用的实际成本。

练习二

一、资料：某企业有机修和运输两个辅助生产车间，本月发生辅助生产费用、提供劳务量如下表：

辅助生产车间		机修车间	运输车间
待分配费用		5040（元）	9000（元）
劳务供应数量		2100（小时）	7500（公里）
耗用劳务数量	机修车间	——	300（公里）
	运输车间	100（小时）	——
	基本生产车间	1800（小时）	6600（公里）
	厂部管理部门	200（小时）	600（公里）

二、要求：采用交互分配法分配辅助生产费用（列出计算过程），并编制交互分配和对外分配的会计分录。

练习三

一、资料:某企业基本生产车间生产甲产品,本月完工 400 件,月末在产品 80 件,有关成本资料如下:

(1)月初在产品成本和本月生产费用:

单位:元

项　目	原材料	工资及福利费	制造费用	合　计
月初在产品成本	6000	1215	2620	9835
本月生产费用	90000	12000	15000	117000
合　计	96000	13215	17620	126835

(2)原材料于生产开始时一次投入。

(3)甲产品生产分三道工序,各道工序月末在产品数量及定额工时:

工　序	在产品数量(件)	定额工时(小时)
1	40	10
2	30	8
3	10	2
合　计	80	20

二、要求:根据以上资料,按约当产量比例法计算甲产品月末在产品成本及完工产品总成本和单位成本。

练习四

一、资料:某企业生产甲、乙两种产品,采用品种法计算产品成本。有关成本计算资料如下:

(1)产量记录(件):

产品品种	月初在产品	本月投入	月末在产品	在产品完工程度
甲	20	100	40	50%
乙	30	120	50	60%

(2)月初在产品成本如生产成本明细账所列。

(3)本月费用(均为间接费用):

直接材料 9600元 直接人工 2400元 制造费用 3600元

(4)本月费用分配方法。

直接材料费用按甲、乙两产品完工产品产量的定额费用比例分配,甲、乙两产品的材料费用定额分别为 40 元和 48 元。

人工费用和制造费用按甲、乙两产品完工产量的定额工时比例分配,甲、乙两产品的工时定额分别为 6.25 小时和 7 小时。

二、要求:根据上述资料按约当产量比例法计算乙产品完工产品成本和月末在产品成本,将计算结果填入下列生产成本明细账中即可。

生产成本明细账
产品品种:乙

摘　要	直接材料	直接人工	制造费用	合　计
月初在产品成本	1040	400	300	1740
本月费用				
产品费用合计				
分配率				
完工产品成本				
单位成本				
月末在产品成本				

参考答案

一、单项选择题

1. B	2. B	3. A	4. D
5. C	6. D	7. D	8. C
9. A	10. B		

二、多项选择题

1. A、B、C、D	2. A、C	3. B、D	4. A、C、D
5. A、B、D	6. A、C	7. A、D	8. B、C、D
9. A、B、C、D	10. A、C		

三、判断题

1. ×	2. ×	3. √	4. ×
5. ×	6. √	7. √	8. √
9. √			

第十章　收益计量与利润分配

学习目的、要求及重点内容

一、学习目的和要求

通过本章学习,了解收益计量的目的;理解收益计量的"收入——费用"观和"资产——负债"观;了解收益计量前的准备工作;掌握收益计量的账结法;熟悉利润分配的科目设置;掌握利润分配的一般程序方法;了解涉及亏损情况的利润分配方法及亏损弥补的不同会计处理;掌握盈余公积提取、股利分配的一般核算方法;熟悉利润分配的基本思路。

二、重点内容

(一)利润分配的一般程序方法

(1)年初未分配利润＋本年净利润＝可供分配的利润

(2)本年净利润×10％＝提取法定盈余公积

（3）可供分配利润－提取法定盈余公积＝可供投资者分配的利润

（4）根据企业章程规定计出本年应付优先股股利。

（5）根据股东会或股东大会决议提取任意盈余公积。

（6）根据股东会或股东大会决议计出应付普通股股利。

（7）根据股东会或股东大会决议计出转作资本的普通股股利。

（二）提取盈余公积

公司法规定，公司分配当年税后利润时，应当提取利润的10％列入公司法定公积金。公司法定公积金累计额为公司注册资本的50％以上的，可以不再提取。

这种从当年税后利润中提取的公积金，就是法定盈余公积。公司的法定公积金不足以弥补以前年度亏损的，在提取法定公积金之前，应当先用当年利润弥补亏损。

公司从税后利润中提取法定公积金后，经股东会或者股东大会决议，还可以从税后利润中提取任意盈余公积金。任意盈余公积金没有提取比例限制。

（三）股利分配

公司弥补亏损和提取公积金后所余税后利润，有限责任公司股东按照实缴的出资比例分取红利；全体股东约定不按照出资比例分取红利或者不按照出资比例优先认缴出资的除外。

股份有限公司按照股东持有的股份比例分配，但股份有限公司章程规定不按持股比例分配的除外。

企业以前年度未分配的利润，可以并入本年度分配。

（四）未分配利润核算

利润分配的基本思路是：本年实现的净利润有两个去向，一是分出去，形成应付股利；二是留下来，形成留存收益。留存收益又分为两部分，指定用途部分称为盈余公积,未指定用途部分称为未分配利润。

　　未分配利润是企业留待以后年度进行分配的结存利润,也是企业所有者权益的组成部分。未分配利润有两层含义:一是留待以后年度处理的利润;二是未指定特定用途的利润。

重要概念及复习思考题

一、重要概念

1. "收入—费用"观　　2. "资产—负债"观　　3. 当期营业基础

4. 损益满计基础　　　5. 对账　　　　　　6. 结账

7. 主营业务利润　　　8. 营业利润　　　　9. 利润总额

10. 净利润　　　　　　11. 表结法　　　　12. 账结法

二、复习思考题

1. 如何理解收益计量的目的?

2. 如何理解"收入—费用"观和"资产—负债"观的不同?

3. 我国计量收益之前的准备工作主要有哪些方面?

4. 财务会计原则和税收法规的根本区别是什么?

5. 涉及亏损情况的利润分配要遵循哪些基本规定?

6. 提取盈余公积要遵循哪些基本规定?

自测练习题及参考答案

一、单项选择题

1. 企业主营业务收入减去主营业务成本,再减去主营业务税金及附加后的余额,通常叫(　　)。

    A. 净利润　　　　　　　　B. 利润总额

    C. 主营业务利润　　　　　D. 营业利润

2. 经年终利润结转后,可能有余额的账户是(　　)。

    A. 本年利润

    B. 利润分配——未分配利润

    C. 利润分配——提取盈余公积

    D. 利润分配——盈余公积补亏

3. 公司法定公积金累计额为公司(　　)的 50% 以上时,可以不再提取法定盈余公积金。

    A. 所有者权益　　　　　　B. 净资产

    C. 本年利润　　　　　　　D. 注册资本

4. 以下收支项目中,不需要配比的有(　　)。

    A. 主营业务收入与主营业务成本

    B. 营业外收入与营业外支出

    C. 其他业务收入与其他业务支出

    D. 主营业务收入与营业费用

5. 某企业税前会计利润为 2000 万元,业务招待费开支超标准 50 万元,按应付税款法(所得税税率 33%)计算所得税费用为(　　)。

    A. 643.5　　　　　　　　B. 660

    C. 676.5　　　　　　　　D. 693

6. 某公司年初未分配利润为贷方余额 1000 万元,本年净利润为 800

万元。若按 10% 计提法定盈余公积,则本年提取的法定盈余公积

为(　　)。

A. 80 万元　　　　　　　　B. 20 万元

C. 0 万元　　　　　　　　 D. 180 万元

7. 已知某企业主营业务利润 100 万元,管理费用 20 万元,财务费用 10

万元,营业费用 5 万元,营业外收入 8 万元,营业利润是(　　)。

A. 70 万元　　　　　　　　B. 65 万元

C. 73 万元　　　　　　　　D. 78 万元

8. 以下项目中不属于主营业务利润影响因素的有(　　)。

A. 主营业务成本　　　　　 B. 主营业务税金及附加

C. 主营业务收入　　　　　 D. 营业费用

9. 以下项目中不属于营业利润影响因素的有(　　)。

A. 财务费用　　　　　　　 B. 管理费用

C. 投资收益　　　　　　　 D. 其他业务收入

10. 以下项目中,不可以用来弥补亏损的是(　　)。

A. 法定盈余公积　　　　　 B. 任意盈余公积

C. 资本公积　　　　　　　 D. 本年利润

二、多项选择题

1. 以下构成企业营业利润的内容有(　　)。

A. 经营期间的汇兑损益　　 B. 主营业务利润

C. 其他业务利润　　　　　 D. 罚款净收入

2. 以下项目不影响营业利润的项目有(　　)。

A. 营业成本　　　　　　　 B. 投资收益

C. 营业外收入　　　　　　 D. 技术转让收入

3. 企业发生的亏损可以用(　　)弥补。

A. 投资收益　　　　　　　 B. 5 年内实现的税前利润

C. 税后利润　　　　　　　 D. 盈余公积

4. 企业弥补亏损时,可不作会计分录的情况有以(　　)弥补亏损。

A. 资本公积　　　　　　　　B. 5 年内实现的税前利润

C. 税后利润　　　　　　　　D. 盈余公积

5. 企业的留存收益包括（　　　）。

A. 法定盈余公积　　　　　　B. 任意盈余公积

C. 资本公积　　　　　　　　D. 未分配利润

6. 以下收支项目中,需要配比的有（　　　）。

A. 主营业务收入与主营业务成本

B. 营业外收入与营业外支出

C. 其他业务收入与其他业务支出

D. 投资收益与投资损失

7. 企业利润总额的影响因素包括（　　　）。

A. 营业利润　　　　　　　　B. 投资损失

C. 营业外收入　　　　　　　D. 所得税

8. 计量年度收益前的准备工作包括（　　　）。

A. 全面清查资产　　　　　　B. 核实债务

C. 对账　　　　　　　　　　D. 结账

9. 资产负债观下的损益计量影响因素包括（　　　）。

A. 期初资产　　　　　　　　B. 期末资产

C. 期初负债　　　　　　　　D. 期末负债

10. 收入费用观下的损益计量影响因素包括（　　　）。

A. 收入　　　　　　　　　　B. 费用

C. 利得　　　　　　　　　　D. 损失

三、判断题

1. 发生营业外支出,在相对应的会计期间,会减少企业当期的营业利润。（　　　）

2. 投资损失、管理费用和销售费用都会影响企业的应纳税所得。（　　　）

3. 当期发生的营业费用与制造费用的区别在于,前者一定影响当期损

益,后者不一定影响当期损益。(　　　)

4. 所得税是企业的一项费用支出,而非利润分配。(　　　)

5. 企业在提取法定盈余公积前不得向投资者分配利润。(　　　)

6. 我国目前收益计量奉行的是"资产——负债"观,因此要加强资产负债核算。(　　　)

7. 企业在各月份计算收益时,可以并不结转收入费用等账户。(　　　)

8. 公司制企业的股利分配必须严格按照股东投资比例进行。(　　　)

9. 本年利润账户实际上也可能核算本年亏损。(　　　)

10. 在本年利润全部分配完毕后,利润分配账户仍可能留有年末余额。(　　　)

四、练习题

练习一

一、资料:某公司 2006 年全年有关资料如下(单位:元):

主营业务收入	188500	营业外支出	750
主营业务成本	75400	营业费用	10000
营业外收入	1800	管理费用	19000
财务费用	2500	所得税	21450
主营业务税金及附加	18500		

二、要求:根据以上资料计出以下项目金额:

(1)主营业务利润=

(2)营业利润=

(3)利润总额=

(4)净利润=

练习二

一、资料:某企业 2006 年年终结账前有关损益类科目的年末余额如下:

收入科目	期末余额	费用科目	期末余额
主营业务收入	800000	主营业务成本	500000
其他业务收入	160000	其他业务支出	110000
投资收益	15000	主营业务税金及附加	36000
营业外收入	60000	营业费用	40000
		管理费用	120000
		财务费用	25000
		营业外支出	90000

12月31日又发生下列业务：

(1)A公司欠款2000元无法收回,经批准作为坏账处理(采用备抵法)。

(2)经查,企业营业外支出中有1500元为税收滞纳金。

(3)经查,企业该年超过计税工资标准发放的工资数额为3500元。

二、要求：

(1)根据上述业务编制有关会计分录。

(2)列式计算当年实现的利润总额。

(3)列式计算当年应纳税所得额并编制有关会计分录(所得税税率为33％,除以上已指出的外,无其他纳税调整项目)。

(4)损益类科目结转"本年利润"科目(该企业平时采用表结法计算利润)。

练习三

一、资料：甲公司采用应付税款法核算所得税,适用的所得税税率为33％。2001年度,甲公司发生如下相关经济业务：

(1)按现行会计制度计算的全年利润总额为1000000元,其中包括税收滞纳金20000元。

(2)核定的全年计税工资为800000元,全年实发工资850000元。

(3)已用银行存款实际缴纳所得税 300000 元。

二、要求：

(1)计算甲公司 2001 年度应纳税所得额。

(2)计算甲公司 2001 年度应交所得税及应补交所得税。

练习四

一、资料：甲公司为增值税一般纳税企业，其销售的产品为应纳增值税产品，适用的增值税税率为 17％，产品销售价款中均不含增值税额。甲公司适用的所得税税率为 33％。产品销售成本按经济业务逐项结转。

2006 年度，甲公司发生如下经济业务事项：

(1)销售 A 产品一批，产品销售价款为 900000 元，产品销售成本为 350000 元，产品已经发出，并开具了增值税专用发票，同时向银行办妥了托收手续。

(2)收到乙公司因产品质量问题退回的 B 产品一批，并验收入库。成本 22000 元。销售价 40000 元。甲公司用银行存款支付了退货款 46800 元，并按规定向乙公司开具了红字增值税专用发票。

(3)用银行存款支付发生的管理费用 67800 元。计提本期坏账准备 4000 元。

(4)销售产品应交城市维护建设税 2100 元，应交教育费附加为 900 元。

(5)用银行存款支付销售费用 7200 元。预提本期借款利息 50000 元。

(6)将本期收支结转"本年利润"科目。计算本期收益。

(7)计算应交所得税(假定甲公司不存在纳税调整因素)。

(8)将所得税费用结转本年利润。

(9)按净利润的 10％提取法定盈余公积。

(10)按当年净利润的 40％向投资者分配应付股利。

(11)结转利润分配各明细科目。

二、要求：根据以上业务编制相关会计分录。

参考答案

一、单项选择题

1. C	2. B	3. D	4. B
5. C	6. A	7. B	8. D
9. C	10. C		

二、多项选择题

1. A、B、C	2. B、C	3. B、C、D	4. B、C
5. A、B、D	6. A、C	7. A、B、C	8. A、B、C、D
9. A、B、C、D	10. A、B、C、D		

三、判断题

1. ×	2. ×	3. √	4. √
5. √	6. ×	7. √	8. ×
9. ×	10. √		

第十一章 财务会计报告

一、学习目的和要求

通过本章学习,了解企业财务会计报告的概念、组成以及会计报表的分类及作用;在熟悉资产负债表、利润表、利润分配表和现金流量表的概念、结构、作用、内容以及报表内各项目填列要求的基础上,进一步掌握各表的编制方法和步骤;同时对于会计报表附注应披露的主要内容也应有大致的了解。

二、重要内容

(一)资产负债表

(1)概念:资产负债表是反映企业在某一特定日期财务状况的报表。

(2)结构:依据会计等式"资产＝负债＋所有者权益"的原理,该表采用账户平衡式:左方为资产,右方为负债和所有者权益。

(3)填列依据:资产、负债和所有者权益类科目的期末余额试算平衡表。

(二)利润表

(1)概念:利润表是反映企业一定期间经营成果的报表。

(2)结构:依据会计等式"收入-费用=利润"的原理(广义),采用多步报告式分别报告主营业务利润、营业利润、利润总额和净利润。

(3)填列依据:该表各项目主要依据本期各损益类账户的发生额分析填列。

(三)现金流量表

(1)概念:现金流量表是以现金及现金等价物为编制基础,反映企业在一定期间财务状况(现金流量)的会计报表。

(2)现金流量分类:

1)经营活动的现金流量:是指企业投资活动和筹资活动以外的所有交易或事项。

2)投资活动的现金流量:是指企业长期资产的购建和不包括在现金等价物范围内的投资及其处置活动。

3)筹资活动的现金流量:是指导致企业资本及债务规模和构成发生变化的活动。

(3)结构:该表分为正表和补充资料两个部分。其中,正表部分中分别反映:经营活动产生的现金流量净额;投资活动产生的现金流量净额;筹资活动产生的现金流量净额;汇率变动对现金的影响以及现金及现金等价物净增加额。补充资料部分主要反映:将净利润调节为经营活动产生的现金流量净额;不涉及现金收支的投资和筹资活动;现金及现金等价物净增加情况等。

重要概念及复习思考题

一、重要概念

1. 财务会计报告　　　2. 资产负债表　　　3. 利润表
4. 现金流量表　　　　5. 现金和现金等价物

二、复习思考题

1. 企业财务报告由哪几部分组成？各有何作用？
2. 企业会计报表的主要内容包括哪些？它们之间有何勾稽关系？
3. 试列举利润表不同步骤计算的利润有何意义及其分解计算公式。
4. 现金流量表的编制基础是什么？现金等价物一般应具备哪些条件？

自测练习题及参考答案

一、单项选择题

1. 根据我国《企业财务会计报告条例》的规定,企业财务会计报告应由
（　　）组成。

　　A. 资产负债表、利润表和现金流量表

　　B. 会计报表和会计报表附注

　　C. 会计报表主表和会计报表附表

D. 会计报表、会计报表附注和财务状况说明书

2. 下列会计报表中,不属于反映财务状况的是(   )。

A. 所有者权益增减变动表   B. 应交增值税明细表

C. 资产减值准备明细表   D. 利润分配表

3. 资产负债表中的"应付账款"项目的填列依据是(   )。

A. "应付账款"总账科目的期末贷方余额

B. "应付账款"所属明细科目的期末贷方余额之和

C. "应付账款"与"预付账款"所属明细科目的期末贷方余额之和

D. "应付账款"与"预付账款"总账科目期末余额之间的差额

4. 资产负债表中的下列资产项目,应以其总账科目余额直接填列的
是(   )。

A. 短期投资   B. 应收票据

C. 预付账款   D. 存货

5. 资产负债表的下列负债及权益类项目中,应以其总账余额直接填列
的是(   )。

A. 预收账款   B. 长期借款

C. 盈余公积   D. 未分配利润

6. 下列经济业务所产生的现金流量中,属于"经营活动产生的现金流
量"的是(   )。

A. 变卖固定资产所产生的现金流量

B. 取得债券利息收入所产生的现金流量

C. 接受投资人投资所产生的现金流量

D. 支付给职工以及为职工支付的现金流量

7. 下列经济业务的发生,会影响利润表"营业利润"项目金额变动的
是(   )。

A. 计提存货跌价准备   B. 出售无形资产

C. 处置长期债权或长期股权投资   D. 取得罚款收入

8. 已知某企业应收账款总账的期末借方余额为 300 万元,其中有部分

明细科目的贷方余额之和为 40 万元;预收账款总账的期末贷方余额为 100 万元,其中有部分明细科目的借方余额之和为 20 万元,与其相关应收项目已计提坏账准备 30 万元。根据上述资料,下列表述中,期末资产负债表中报表项目正确的填列方法是(　　　)。

A. 应收账款 300 万元;预收账款 100 万元

B. 应收账款 270 万元;预收账款 100 万元

C. 应收账款 340 万元;预收账款 120 万元

D. 应收账款 330 万元;预收账款 160 万元

9. 企业购置固定资产支付的现金属于(　　　)。

A. 经营活动产生的现金流量

B. 投资活动产生的现金流量

C. 筹资活动产生的现金流量

D. 应根据离固定资产取得后的使用单位来确定所属现金流量的类型

10. 某企业一设备到期报废,账面原价 50 万元,已提折旧 48 万元,未提减值准备。处置时以银行存款支付清理费用 0.8 万元,该设备的残料出售取得现金 0.5 万元,处置完毕产生处置净损失 2.3 万元计入当期损益。该项业务会在现金流量表投资活动中反映的形式是(　　　)。

A. 现金流出量 0.5 万元　　　　B. 流出量 0.8 万元

C. 现金净流出量 0.3 万元　　　D. 现金净流出量 −2.3 万元

二、多项选择题

1. 下列会计报表中属于反映企业经营成果的是(　　　)。

A. 利润表　　　　　　　　　　B. 现金流量表

C. 利润分配表　　　　　　　　D. 应交增值税明细表

2. 在资产负债表的负债项目中,可能会以负号填列的是(　　　)。

A. 短期借款　　　　　　　　　B. 应付工资

C. 应付福利费　　　　　　　　D. 应交税金

3. 利润分配表中的可供分配的利润是由（　　　）构成。

    A. 本年实现的净利润　　　　　　　B. 年初未分配利润

    C. 盈余公积补亏损　　　　　　　　D. 先征后返的各项税费

4. 对于采用"直接法"和"间接法"编制现金流量表，对其下列表述正确的是（　　　）。

    A. 前者以营业收入为起算点，后者以净利润为起算点

    B. 前者在现金流量表正表中反映，后者在现金流量表的补充资料中反映

    C. 两者计算的结果可能不完全相同

    D. 两者反映现金流量的类型相同

5. 下列各项中，属于筹资活动产生的现金流量是（　　　）。

    A. 接受捐赠所收到的现金

    B. 吸收投资所收到的现金

    C. 发行债券所收到的现金

    D. 短期借款或长期借款所收到的现金

6. 下列项目中，不属于投资活动产生的现金流量是（　　　）。

    A. 为专项工程人员所支付的人工费用

    B. 取得专项工程物资所支付的增值税

    C. 偿付计入固定资产价值的资本化利息所支付的现金

    D. 融资租入固定资产所支付的租赁费

7. 现金流量表补充资料中的不涉及现金流量的投资活动和筹资活动是指（　　　）。

    A. 债务转为资本　　　　　　　　　B. 接受投资的无形资产

    C. 一年内到期的可转换公司债券　　D. 融资租入固定资产

8. 在现金流量表补充资料中将净利润调节为经营活动产生的现金流量时，下列项目中，属于需要调整增加的有（　　　）。

    A. 非经营活动产生的收益　　　　　B. 经营性应收项目的增加

    C. 固定资产折旧和无形资产摊销　　D. 经营性应付项目的增加

三、判断题

1. 企业至本期末止是属于盈利还是亏损的信息,可从企业反映经营成果的主表"利润表"中获取。(　　)

2. 利润表中的除各步损益的计算在其计算结果出现亏损时会以负号填列,每一具体的报表损益类项目根据本期损益类科目的发生额分析填列的数据均应以正号反映。(　　)

3. 计提的各项资产减值准备中,只有"固定资产减值准备"在资产负债表中单独列项予以反映。(　　)

4. 企业购买商品或接受劳务所支付的增值税额应列入现金流量表经营活动产生的现金流量的"支付的各项税费"项目中。(　　)。

5. 对于企业日常活动以外的不经常发生的特殊项目,如自然灾害损失取得的保险赔款产生的现金流量,应根据产生现金流量事项的性质,区分现金流量的归属类型。(　　)

四、练习题

练习一

一、目的:练习资产负债表的编制。

二、资料:已知某企业本期末在编制资产负债表前,根据有关科目余额编制的"科目余额试算平衡表"如下:

金额单位:元

科目名称	总账余额	科目名称	总账余额
现金	2000	短期借款	50000
银行存款	786135	应付票据	100000
其他货币资金	7300	应付账款	953800
短期投资	20000	预收账款	40000
应收票据	66000	其他应付款	50000

续表

科目名称	总账余额	科目名称	总账余额
应收账款	520000	应付工资	100000
坏账准备	−1800	应付福利费	80000
预付账款	50000	应交税金	100034
其他应收款	5000	其他应交款	106600
物资采购	275000	应付股利	32000
原材料	45000	预提费用	0
包装物	28050	长期借款	1160000
低值易耗品	10000	其中:将于一年内到期	60000
库存商品	2122400	应付债券	300000
发出商品	180000	长期应付款	50000
分期收款发出商品	120000	其他长期负债	40000
委托代销商品	90000	股本	5000000
材料成本差异	4250	资本公积	250000
待摊费用	90000	盈余公积	131401
长期股权投资	450000	利润分配——未分配利润	194500
长期债权投资	200000		
固定资产	2401000		
累计折旧	−170000		
固定资产减值准备	−30000		
工程物资	150000		
在建工程	578000		
无形资产	580000		
无形资产减值准备	−40000		
其他长期资产	200000		
资产合计	8738335	负债和所有者权益合计	8738335

说明:

(1)应收账款所属明细账中有贷方余额和预收账款所属明细账中有借方余额合计均为40000元;

(2)预付账款所属明细账中有贷方余额50000元。

三、要求：根据上述资料，编制该企业本期末资产负债表（期末数）。

资产负债表

编制单位：×××　　　　　　年　　月　　日　　　　　　单位：元

资　产	期末数	负债和所有者权益	期末数
流动资产：		流动负债：	
货币资金		短期借款	
短期投资		应付票据	
应收票据		应付账款	
应收账款		预收账款	
其他应收款		应付工资	
预付账款		应付福利费	
存货		应付股利	
待摊费用		应交税金	
流动资产合计		其他应交款	
长期投资：		其他应付款	
长期股权投资		预提费用	
长期债权投资		一年内到期的长期负债	
长期投资合计		流动负债合计	
固定资产：		长期负债：	
固定资产原价		长期借款	
减：累计折旧		应付债券	
固定资产净值		长期应付款	
减：固定资产减值准备		专项应付款	
固定资产净值		长期负债合计	

续表

资　产	期末数	负债和所有者权益	期末数
工程物资		负债合计	
在建工程		所有者权益(或股东权益):	
固定资产合计		实收资本(或股本)	
无形资产及其他资产:		资本公积	
无形资产		盈余公积	
其他长期资产		未分配利润	
无形资产及其他资产合计		所有者权益合计	
资产总计		负债和所有者权益总计	

练习二

一、目的:练习相关经济业务的会计处理及资产负债表、利润表和利润分配表的编制。

二、资料:某企业为增值税的一般纳税企业,增值税率为17%,所得税率为33%,采用应付税款法进行所得税的会计处理。产品销售价格中均为不含税应向购买者收取的增值税;库存材料采用实际成本核算。该企业20××年1月1日的科目余额表如下:

科目余额表

科目名称	借方余额	科目名称	贷方余额
现金	7600	短期借款	300000
银行存款	580000	应付票据	50000
短期投资	500000	应付账款	890000
应收票据	15000	应付工资	90000
应收账款	400000	应付福利费	9000

续表

科目名称	借方余额	科目名称	贷方余额
坏账准备	−800	其他应付款	60000
其他应收款	18000	预提费用	5000
在途物资	18000	应交税金	20000
原材料	180000	其他应交款	6000
包装物	30000	长期借款	1600000
低值易耗品	50000	其中:将于一年内到期	1000000
库存商品	1020000	股本	4000000
长期股权投资	500000	盈余公积	100000
固定资产	1500000	利润分配(未分配利润)	187800
累计折旧	−400000		
在建工程	2000000		
无形资产	800000		
长期待摊费用	100000		
资产合计	7317800	负债和所有者权益合计	7317800

假设该企业在该年度发生的经济业务经整理如下:

(1)购入原材料一批,用银行存款支付货款 300000 元,增值税 51000 元,材料已验收入库。

(2)购入不需安装设备一台,价款 120000 元,增值税 20400 元,同时支付包装费、运输费等计 2000 元,上述款项均以银行存款支付。

(3)短期债券投资到期兑付,收到款项 230000 元,其中短期投资账面成本为 200000 元,款项已收存银行。

(4)提取现金 600000 元,而后全部用于支付职工工资。

(5)分配职工工资:其中生产人员 300000 元;车间管理人员 120000 元;

行政管理人员 100000 元;在建工程人员 80000 元;并按 14％提取职工福利费。

(6)在建工程完工,经计算应负担借款利息 110000 元。

(7)基本生产车间报废一台设备,原价 280000 元,已提折旧 160000 元,以银行存款支付清理费用 1000 元,处置残值收入 2000 元已收妥入账。

(8)从银行借入 5 年期借款 500000 元已存入银行。

(9)销售产品一批,售价为 1800000 元,实际成本为 620000,确认收入,款项已收妥入账。

(10)采用分期收款方式销售产品一批,售价为 450000 元,本年末应收全部款项的 40％,该批产品的实际成本为 300000 元,至本年末款项尚未收到。

(11)拥有其 100％的被投资企业本年度实现净利润为 1000000 元,被投资企业的所得税率与本企业相同。

(12)计提固定资产折旧 200000 元,假设全部计入当期损益。

(13)销售材料一批,售价为 380000 元,该批材料的账面成本为 200000 元。

(14)本年应交城建税 80000 元和教育费附加 4000 元,其中销售产品应负担 75％;而后以银行存款交纳。

(15)以银行存款支付违反税收规定罚款 20000 元;以银行存款对外非公益性捐赠支出 100000 元。

(16)计提应计入本期损益的短期借款利息 50000 元。

(17)归还短期借款本金 200000 元和利息 25000 元。

(18)摊销无形资产 60000 元。

(19)收到应收账款 200000 元;本年末计提坏账准备 5000 元。

(20)以银行存款支付广告费 10000 元,支付退休人员退休金 50000 元,支付其他管理费用 150000 元。

(21)以银行存款偿还长期借款本金 1000000 元,偿还上年所欠应付货款 390000 元。

(22)将本年损益类科目结转至本年利润。

(23)计算所得税费用和应交所得税。

(24)按净利润的15％分别提取法定盈余公积。

(25)董事会决议拟分配现金股利 400000 元。

(26)结转利润分配各明细科目至未分配利润。

三、要求:根据上述资料:

(1)编制相关业务的会计分录。

(2)编制该企业 20×× 年度的资产负债表和利润表及利润分配表。

注:题中资料未说明的部分不予考虑。

资产负债表

编制单位:×××　　　　　　　20×× 年 12 月 31 日　　　　　　　单位:元

资　产	年初数	期末数	负债和所有者权益	年初数	期末数
流动资产:			流动负债:		
货币资金			短期借款		
短期投资			应付票据		
应收票据			应付账款		
应收账款			预收账款		
其他应收款			应付工资		
预付账款			应付福利费		
存货			应付股利		
待摊费用			应交税金		
流动资产合计			其他应交款		
长期投资:			其他应付款		
长期股权投资			预提费用		
长期债权投资			一年内到期的长期负债		

续表

资　产	年初数	期末数	负债和所有者权益	年初数	期末数
长期投资合计			流动负债合计		
固定资产:			长期负债:		
固定资产原价			长期借款		
减:累计折旧			应付债券		
固定资产净值			长期负债合计		
减:固定资产减值准备			负债合计		
固定资产净值			所有者权益		
工程物资			股本		
在建工程			资本公积		
固定资产清理			盈余公积		
固定资产合计			未分配利润		
无形资产及其他资产:			所有者权益合计		
无形资产					
长期待摊费用					
无形资产及其他资产合计					
资产总计			负债和所有者权益合计		

利润表

编制单位:×××　　　　　　20××年度　　　　　　单位:元

项　　目	行次	本月数	本年累计数
一、主营业务收入	1		
减:主营业务成本	4		
主营业务税金及附加	5		

续表

项　　目	行次	本月数	本年累计数
二、主营业务利润	10		
加:其他业务利润	11		
减:营业费用	14		
管理费用	15		
财务费用	16		
三、营业利润	18		
加:投资收益	19		
营业外收入	23		
减:营业外支出	25		
四、利润总额	27		
减:所得税	28		
五、净利润	30		

利润分配表

编制单位:×××　　　　　　　20××年度　　　　　　　单位:元

项　　目	本年实际
一、净利润	
加:年初未分配利润	
二、可供分配的利润	
减:提取法定盈余公积	
三、可供投资者分配的利润	
应付普通股股利	
四、未分配利润	

参考答案

一、单项选择题

1. D   2. D   3. D   4. B

5. C   6. D   7. A   8. D

9. A   10. C

二、多项选择题

1. A、C   2. B、C、D   3. A、B、C   4. A、B、D

5. A、B、C、D 6. C、D   7. A、C、D   8. C、D

三、判断题

1. ×   2. ×   3. √   4. ×

5. √

第十二章 会计控制

一、学习目的和要求

通过本章学习,在了解内部控制的概念、目标和种类的基础上,掌握内部会计控制的主要内容和主要方法;了解预算编制的原则和方法;熟悉全面预算体系及其编制过程;熟练掌握预算编制的四种形式。

二、重点内容

(一)内部会计控制

内部控制是指单位为了保护资产的安全、完整,提高会计信息质量,确保有关法律法规和规章制度及单位经营管理方针政策的贯彻执行,避免或降低各种风险,提高经营管理效率,实现单位经营管理目标而制定和实施的一系列控制方法、措施和程序。其目标是为了维护财产物资的完整性,保证会计信息的准确性,保证财务活动的合法性,保证经营方针和目标的实现,保证生产经营活动的经济性、效率性和效果性,保证国家法律、法规的贯彻执行。

根据控制目标的不同,内部控制可划分为内部会计控制和内部管理控制。与 COSO 的内部控制不同,我国内部控制的主要对象是企业的内部会计控制,而且已经发布了《内部会计控制规范——基本规范(试行)》和《内部会计控制规范——货币资金(试行)》。

内部会计控制的内容主要包括货币资金控制、实物资产控制、对外投资控制、工程项目控制、采购与付款控制、筹资控制、销售与收款控制、成本费用控制、担保控制等。

内部会计控制的方法有不相容职务相互分离控制、授权批准控制、会计系统控制、预算控制、财产保全控制、风险控制、内部报告控制、电子信息技术控制。

(二)预算控制

预算是指用货币形式表示的企业在未来一定期间生产经营活动的综合性计划。它是体现企业经营目标、调整企业经营活动、加强企业经营管理的工具,具有计划性、预测性和控制性等特性。

预算的作用主要是有利于明确经营目标计划,有利于各部门间的工作协调,有利于控制经营活动,有利于经营活动的评价,有利于激励、教育与沟通等。为了体现预算的作用,编制预算时必须遵守政策性原则、统一性原则、目的性原则、伸缩性原则、协调性原则和民主性原则。预算编制的方法有自上而下法、自下而上法和上下结合法。

全面预算体系是指企业各种预算相互联系而构成的一个整体,即企业预算包括哪些内容、各个预算之间如何联系以及指标之间的勾稽关系等。其内容包括销售预算、生产预算、直接材料采购预算、直接人工成本预算、间接费用预算、销售成本预算、营业费用预算、管理费用预算、财务费用预算、预计收益表、资本支出预算、现金预算、预计资产负债表、预计现金流量表等。

　　预算控制有固定预算、弹性预算、滚动预算和零基预算等形式,企业通常按照一定的控制程序进行预算控制。

重要概念及复习思考题

一、重要概念

1. 内部控制　　　　2. 内部会计控制　　　　3. 内部管理控制

4. 预防式控制　　　5. 侦察式控制　　　　　6. 预算

7. 全面预算　　　　8. 固定预算　　　　　　9. 弹性预算

10. 滚动预算　　　　11. 零基预算

二、复习思考题

1. 什么是内部控制?其目标是什么?

2. 试简述内部控制的发展历程?

3. 什么是内部会计控制?它包括哪些内容?

4. 内部会计控制有哪些方法?实施内部会计控制应遵循哪些规范?

5. 什么是预算?它有什么作用?

6. 预算编制有哪些方法?应该遵循哪些原则?

7. 试简述企业全面预算体系及其编制过程?

8. 预算控制有几种形式?各有什么特点?

自测练习题及参考答案

一、单项选择题

1. 作为有效的内部控制制度,保管应收账款明细账的职员,不应同时有权批准(　　)。

　　A. 职工超时津贴　　　　　B. 顾客信用

　　C. 注销应收账款　　　　　D. 现金支付

2. 内部控制系统实施是否有效,关键取决于实施内部控制系统的(　　)。

　　A. 人员素质　　　　　　　B. 健全性

　　C. 经常性　　　　　　　　D. 合规性

3. 所谓(　　),是指未加控制就容易产生错弊的环节。

　　A. 不相容职务　　　　　　B. 内部牵制

　　C. 关键控制点　　　　　　D. 内部审计

4. 内部控制要求明确一般授权和(　　)的责任和权限,以及每笔经济业务的授权批准程序,并按照规定的权限和程序执行。

　　A. 预算控制　　　　　　　B. 特别授权

　　C. 实物资产　　　　　　　D. 对外投资

5. 企业应对实物资产的验收入库、领用、发出、盘点、保管及处置等关键环节进行控制,防止各种实物资产的被盗、毁损和流失。这种控制属于(　　)。

　　A. 采购与付款控制　　　　B. 销售与收款控制

　　C. 实物资产控制　　　　　D. 成本费用控制

6. 在一个设计适当的内部控制结构中,同一职工可以负责(　　)。

　　A. 接受和保管支票,并批准注销有关顾客应收账款

　　B. 审核付款凭证,同时签署支票

C. 调节银行账,同时接受和保管现金

D. 签署支票,同时注销佐证文件

7. "货运单据的连续编号"属于下列哪种控制程序(　　)。

　　A. 交易授权　　　　　　　　B. 责任划分

　　C. 独立稽核　　　　　　　　D. 凭证和记录的控制

二、多项选择题

1. 根据控制功能的不同,内部控制可分为(　　)。

　　A. 侦察式控制　　　　　　　B. 内部会计控制

　　C. 内部管理控制　　　　　　D. 预防式控制

　　E. 补偿性控制

2. 内部会计控制应达到的目标是(　　)。

　　A. 维护财产物资的完整性　　B. 保证会计信息的准确性

　　C. 保证财务活动的合法性　　D. 保证国家法律、法规的贯彻执行

　　E. 保证经营方针和会计目标的实现

3. 描述内部控制的方法主要有(　　)。

　　A. 调查表法　　　　　　　　B. 观察法

　　C. 文字表述法　　　　　　　D. 流程图法

　　E. 询问法

4. 控制程序包括(　　)。

　　A. 交易授权　　　　　　　　B. 职责划分

　　C. 凭证与记录控制　　　　　D. 资产接触与记录使用

　　E. 独立稽核

5. 在下列事项中,符合货币资金控制的规则有(　　)。

　　A. 建立严格的货币资金授权批准制度,保证审批人在授权范围内
　　　　进行审批

　　B. 货币资金的收入、支出要有合理、合法的凭据

　　C. 严禁擅自挪用、借出货币资金,但企业可以坐支现金

　　D. 支付款项所需的全部印章应交由出纳人员一人保管

E. 定期核对银行账户,编制银行存款余额调节表,盘点现金,做到
账实相符

6. 下列事项中,符合资产记录与保管应严格分工的规则是(　　)。

A. 未经批准和授权,不得处理有关的经济业务

B. 记录总账和明细账的职务应分开

C. 贵重物品仓库的钥匙由两个人分别持有

D. 对某些不相容职务由两个以上的人员分别担任

E. 出售固定资产的审批人和经办人可以由一个人承担

7. 下列哪些特性属于预算应具有的特性(　　)。

A. 滞后性　　　　　　　　　　B. 计划性

C. 预测性　　　　　　　　　　D. 历史性

E. 控制性

8. 下列哪些方法属于预算编制的方法(　　)。

A. 自上而下法　　　　　　　　B. 历史成本法

C. 自下而上法　　　　　　　　D. 上下结合法

E. 先进先出法

9. 预算控制具有的形式(　　)。

A. 政府预算　　　　　　　　　B. 固定预算

C. 弹性预算　　　　　　　　　D. 滚动预算

E. 零基预算

10. 弹性预算又可进一步分为(　　)。

A. 滚动预算　　　　　　　　　B. 全面弹性预算

C. 成本弹性预算　　　　　　　D. 零基预算

E. 全面预算

三、判断题

1. 严密健全的内部控制制度,可以防止任何差错和舞弊。(　　)

2. 总账和明细账的平行登记,属于内部会计控制。(　　)

3. 任何内部控制都有其固有的局限性。(　　)

4. 开具银行支票的人员必须与掌管签章的人员相分离,应属于预防性内部控制制度。（　　）

5. 单位可以不经授权批准,即可用本单位收入的现金直接支付其货款。（　　）

6. 对于重大投资决策项目,其申请、审批、实施和控制均应由单位负责人一人承担。（　　）

7. 固定预算的基本特征是:不考虑预算期内业务活动水平可能发生的变动,而只按照预算期内计划预定的某一共同的活动水平为基础确定相应的数据。（　　）

8. 滚动预算是指不以现有费用水平为基础,而是一切以零为起点,对每个项目开支的大小进行分析、权衡。（　　）

9. 零基预算又称连续预算,是一种经常稳定保持一定期限(如1年)的预算。（　　）

10. 全面弹性预算与成本弹性预算之间呈总预算与明细预算的关系;其中前者为总预算,后者为明细预算。（　　）

参考答案

一、单项选择题

1. C　　　　　　2. A　　　　　　3. C　　　　　　4. B

5. C　　　　　　6. B　　　　　　7. D

二、多项选择题

1. A、D　　　　2. A、B、C、D、E　　3. A、C、D　　4. A、B、C、D、E

5. A、B、E　　　6. B、C　　　　7. B、C、E　　8. A、C、D

9. B、C、D、E　10. B、C

三、判断题

1. ×　　　　　2. √　　　　　3. √　　　　　4. √

5. ×　　　　　6. ×　　　　　7. √　　　　　8. ×

9. ×　　　　　10. √

模拟试卷及参考答案

模拟试卷(一)

一、单项选择题

1. 会计的基本职能是(　　)。

   A. 核算和监督　　　　　　　B. 控制和调节

   C. 预测和决策　　　　　　　D. 考核和分析

2. 我国《企业会计准则》规定企业采用的确定收入和费用归属期的基础是(　　)。

   A. 永续盘存制　　　　　　　B. 实地盘存制

   C. 权责发生制　　　　　　　D. 收付实现制

3. 平行登记法对每发生的一笔经济业务在依据、方向和金额相等的前提下,所涉及的平行对象是指(　　)。

   A. 原始凭证和记账凭证

   B. 总分类账和所属的明细分类账

   C. 会计凭证和会计账簿

   D. 会计账簿和会计报表

4. 企业的货币资金按其存放地点和用途的不同分为(　　)。

   A. 现金和现金等价物

    B. 内部货币资金和在途货币资金

    C. 库存现金、银行存款和其他货币资金

    D. 现钞、存款、支票、本票和汇票

5. 企业存货清查产生的盘盈,一般应在期末的处理方法是( )。

    A. 冲减存货的采购成本

    B. 作为营业外收入

    C. 冲减管理费用

    D. 在备查簿中登记,日后逐期抵消产生的存货盘亏

6. 企业投资取得后在持有期间赚取的现金股利或债券利息,下列表述中正确的是( )。

    A. 若为短期投资则冲减原已记入应收项目或冲减短期投资的成本

    B. 若为长期股权投资或长期债权投资则作为当期的投资收益

    C. 无论短期或长期投资均应冲减收取现金股利或债券利息当期的财务费用

    D. 若为短期投资则冲减短期投资的成本;若为长期投资则作为当期的投资收益

7. 企业在接受其他单位捐赠固定资产并确认其入账价值时,所涉及的贷方科目是( )。

    A. 资本公积   B. 营业外收入

    C. 待转资产价值   D. 固定资产或在建工程

8. 法定盈余公积和任意盈余公积的主要用途不包括( )。

    A. 转增资本或股本

    B. 弥补亏损

    C. 特殊情况下发放现金股利或利润

    D. 用于职工集体福利方面开支

9. 企业采用委托代销方式销售商品时,确认收入的时点一般是( )。

    A. 代销商品发出时   B. 受托代销单位收到商品时

C. 收到代销单位代销清单时　　D. 收到代销单位的代销款项时

10. 下列项目中,对于利润分配顺序表述正确的是(　　)。

A. 提取法定盈余公积　弥补以前年度亏损　向投资者分配现金股利或利润

B. 弥补以前年度亏损　提取法定盈余公积　向投资者分配现金股利或利润

C. 向投资者分配现金股利或利润　提取法定盈余公积　弥补以前年度亏损

D. 弥补以前年度亏损　向投资者分配现金股利或利润　提取法定盈余公积

二、多项选择题

1. 下列项目中,对于反映企业经营成果的会计要素表述正确的是(　　)。

A. 收入可以表现为企业资产的增加、负债的减少或两者兼而有之

B. 费用本身会导致企业所有者权益减少,但所有者权益的减少未必都是由费用引起的

C. 利润是指企业在一定会计期间的经营成果,它是收入减去费用后的净额

D. 利得和损失的产生必定会影响企业当期的利润金额

2. 下列项目中,属于会计计量属性的是(　　)。

A. 历史成本　　　　　　　　B. 重置成本

C. 计划成本　　　　　　　　D. 公允价值

3. 下列项目中,不属于按会计凭证用途划分的分类是(　　)。

A. 收付款凭证和转账凭证　　B. 一次凭证和累计凭证

C. 原始凭证和记账凭证　　　D. 外来凭证和自制凭证

4. 下列项目中,一般不计提坏账准备的是(　　)。

A. 应收账款　　　　　　　　B. 应收票据

C. 其他应收款　　　　　　　D. 预付账款

5. 下列项目中,属于流动负债的是(　　　)。

    A. 预付账款　　　　　　　　　B. 应付账款

    C. 预收账款　　　　　　　　　D. 预提费用

6. 会计错账的更正方法主要有(　　　)。

    A. 划线更正法　　　　　　　　B. 红字冲销法

    C. 补充登记法　　　　　　　　D. 试算平衡法

7. 下列表述中,符合权益法核算特点的是(　　　)。

    A. 初始投资成本与被投资方所有者权益份额的差额作为股权投资差额或资本公积

    B. 投资后按其持股比例分得的应享有的现金股利或利润确认为投资收益

    C. 投资后投资方长期股权投资的账面价值应随被投资单位所有者权益的增减变动,投资方按其持股比例作出相应的调整

    D. 投资方一般应在“长期股权投资”科目下分设“投资成本、损益调整、股权投资差额”等明细科目进行核算

8. 下列项目中,对于无形资产的价值摊销表述正确的是(　　　)。

    A. 无形资产的价值摊销不设备抵科目,直接冲减无形资产的账面价值

    B. 无形资产的价值摊销的列支的会计科目是“管理费用”或“其他业务支出”

    C. 无形资产一般应在取得的当月进行摊销,即当月增加当月摊销,当月减少当月不摊

    D. 无形资产摊销期的确定一般根据所涉及的期间而采用孰短的原则

三、判断题

1. 我国境内的国有大、中型企业必须以人民币作为记账本位币进行会计记录。(　　　)

2. 某一会计事项是否具有重要性,很大程度取决于会计人员的职业判

断。所以对于同一性质的会计事项,在某一企业具有重要性,在另一企业则不一定具有重要性。(　　)

3. 可比性要求本企业采用的会计处理方法和程序前后各期应当一致,不得随意变更。(　　)

4. 由于存货形态的多样性及数量变动的频繁,所以在对其进行核算时,应设置的明细账格式采用数量金额多栏式更为适宜。(　　)

5. 对于已提足折旧但仍在使用的固定资产不再计提折旧,对于提前报废的固定资产在报废时也不再补提折旧。(　　)

6. 企业对固定资产的清理或清查过程中,产生的固定资产的处置、出售、对外投资或捐赠及盘亏等,均应通过"固定资产清理"科目核算。(　　)

7. 固定资产的修理费用和无形资产的后续支出,均应在发生时计入当期损益,不得作为资本化处理。(　　)

8. 经营租入固定资产与融资租入固定资产的共性表现在该项资产在租赁期内承租人仅有使用权而无所有权,特征表现在与租赁资产所有权相关的全部风险和报酬是否实质转移给承租人。(　　)

四、名词解释

1. 实质重于形式
2. 存货
3. 收入与费用
4. 留存收益

五、简答题

1. 简述会计循环的基本步骤。
2. 简述固定资产的主要特征和主要分类。

六、会计业务题

题(一)

1. 资料:

(1)M 公司本期期初有关账户的余额如下表所列(金额单位:元):

科目名称	期初余额		本期发生额		期末余额	
	借方	贷方	借方	贷方	借方	贷方
现金	4000					
银行存款	300000					
应收账款	120000					
原材料	80000					
生产成本	220000					
库存商品	250000					
固定资产	700000					
短期借款		200000				
长期借款		400000				
实收资本		900000				
利润分配		174000				
合　计	1674000	1674000				

(2)假设本期只发生下列经济业务:

1)接受某一投资人以银行存款 200000 元投资,款项收妥入账。

2)以银行存款购入原材料一批,实际成本 240000 元。

3)发出原材料一批用于产品生产,实际成本 250000 元。

4)以银行存款支付生产产品的费用 60000 元(假设不通过制造费用科目)。

5)产品生产完工转出产品成本 500000 元。

6)产品对外销售取得收入 800000 元并收妥入账,结转产品成本 600000 元。

7)以银行存款归还短期借款 50000 元,归还长期借款 200000 元(假设不考虑利息费用)。

8)以银行存款 280000 元购入某项不需安装设备一台。

9)收回某购货单位原欠货款 90000 元。

10)从银行提取现金 4000 元。

11)以现金 3000 元和银行存款 70000 元支付本期的期间费用(假设为管理费用)。

12)将上述业务的收入、成本和期间费用转入本年利润,并在期终转入未分配利润。

注:除上述经济业务外,本题假设不考虑其他经济业务和上述业务所涉及的各项税费。

2. 要求:根据上述业务,将有关业务的发生额填入上列的试算平衡表,并结算出各科目余额。

题(二)

1. 资料:某企业为增值税的一般纳税企业,增值税率为 17%,假设取得存货抵扣依据列明的增值税额均可抵扣,原材料采用实际成本计价核算。该企业 2005 年 5 月初库存原材料的账面余额为 960000 元(其中包括上月末已入库而结算凭证未到按暂估价入账的原材料成本 580000 元),本月发生有关原材料的经济业务如下:

(1)上月末已入库但尚未收到结算凭证的原材料在本月初结算凭证已到,列明该批原材料的价款 600000 元,增值税 102000 元,该企业随即按该批材料的价税款开出商业汇票一张。

(2)上月采购而在上月末仍未入库的原材料(价税款已在上月末支付)在本月初运达,并验收入库。实际成本 400000 元。

(3)本月采购原材料一批,增值税专用发票列明材料价款 800000 元,增值税额 136000 元,均以银行存款支付。

(4)根据合同规定,本月向某供货单位预付原材料的采购定金 300000 元。

(5)本月根据发料凭证汇总表发出原材料的实际成本为 1840000 元,其中:基本生产车间生产产品领用1200000元,生产车间一般耗用300000元,管理部门领用200000元,专项工程领用140000元。

2. 要求:根据上述资料,编制有关的会计分录。

题(三)

1. 资料:

(1)甲企业于2003年11月20日接受其他单位捐赠的需安装生产设备一台,捐赠方提供的相关凭证列明:该设备账面原价580000元,已提折旧180000,未提减值准备。而后甲企业以银行存款支付该设备运输、保险和安装等费用计20000元,该设备于2003年12月25日达到预定可使用状态,并随即交付生产车间使用。该设备的预计使用年限为5年,预计净残值率为5%,采用双倍余额递减法计提折旧。

(2)甲企业在2006年4月30日因生产产品的转型,将上述所赠的设备对外出售。以银行存款支付清理费用18000元;取得出售收入150000元已收妥入账,清理完毕。

2. 要求:根据上述资料:

(1)编制该企业在取得该受赠设备时和设备达到预定可使用状态时的会计分录。

(2)计算该企业受赠设备应交所得税,并编制结转会计分录。

(3)编制该企业在2006年处置该设备时的有关会计分录。

注:(1)甲企业的所得税率为33%,此例假设不考虑甲企业2003年的净损益。

(2)应交税金和资本公积应写出明细科目(专栏)。

题(四)

1. 资料:某企业为增值税的一般纳税企业,其中生产的乙产品为应税消费品,增值税率为17%,消费税率为10%,所得税率为33%。本期有关产品销售的情况如下:

（1）对外销售甲产品 4100 件，单位售价 500 元，单位成本 300 元，符合收入确认的各项条件，款项已经收妥入账。

（2）对外销售乙产品 2000 件，单位售价 300 元，单位成本 200 元，确认收入时款项尚未收到，而后在本期末收到款项（购货方在支付款项时按售价的 5% 享有现金折扣）。

（3）上期销售并确认收入的甲产品在本期退回 100 件，单位成本假设仍为 300 元，款项已经支付给购货方。

（4）本期采用委托代销方式向代销方发出乙产品 1000 件，本期末尚未收到代销单位的代销清单。

（5）本期采用分期收款方式发出甲产品 4500 件，款项分三期等额收回，本期末应收的第一期款项业已收到。

2. 要求：根据上述资料：

（1）编制相关的会计分录。

（2）假设不考虑其他税费，计算该企业本期的主营业务利润。

注：应交税金应写出明细科目及专栏；确认收入的产品成本逐笔结转。

模拟试卷(二)

一、单项选择题

1. 会计主要采用的计量尺度是(　　)。
   A. 货币量度　　　　　　　　　B. 实物量度
   C. 劳动量度　　　　　　　　　D. 时间量度

2. 在借贷记账法下,借方表示(　　)。
   A. 资产的增加和权益的减少　　B. 权益的增加和资产的减少
   C. 权益的增加和资产的增加　　D. 权益的减少和资产的减少

3. 不同企业发生的相同或者相似的交易或者事项应当采用规定的会计政策,符合的是(　　)。
   A. 重要性原则　　　　　　　　B. 可比性原则
   C. 谨慎性原则　　　　　　　　D. 相关性原则

4. 下列项目中,属于指定用途的留存收益是(　　)。
   A. 实收资本　　　　　　　　　B. 资本公积
   C. 盈余公积　　　　　　　　　D. 未分配利润

5. 将会计凭证划分为原始凭证和记账凭证两大类的依据是(　　)。
   A. 凭证填制的时间　　　　　　B. 凭证填制的方法
   C. 凭证填制的程序和用途　　　D. 凭证所反映的经济内容

6. 某企业期末存货采用成本与可变现净值孰低法计价。2005 年末,原材料跌价准备贷方余额为 28000 元。2006 年末原材料的账面成本为 380000 元,可变现净值为 340000 元。则 2006 年末原材料应提的存货跌价准备的金额为(　　)元。
   A. 40000　　　　　　　　　　B. 12000
   C. 52000　　　　　　　　　　D. 0

7. 对于现金清查产生溢余或短缺的会计处理,下列表述中不正确的是( )。

A. 应通过"待处理财产损溢——待处理流动资产损溢"科目核算

B. 若能查明原因的现金溢余应转至"其他应付款"科目;现金短缺转至"其他应收款"科目

C. 若无法查明原因的现金溢余经批准后转至"营业外收入"科目

D. 若无法查明原因的现金短缺经批准后转至"营业外支出"科目

8. 对于企业的无形资产,下列表述中正确的是( )。

A. 商标权、专利权、土地使用权和商誉等均是属于可辨认的无形资产

B. 无形资产所发生的后续支出既可能是资本化的支出,也可能是费用化的支出

C. 企业纳入无形资产核算的内容均受法律保护以确保能获取收益

D. 由于无形资产成本的不完整性,所以对其价值的摊销不设备抵科目

9. 下列各项中,符合会计要素"收入"确认的交易或事项有( )。

A. 一般纳税企业对外销售商品时应向购买方收取的增值税销项税额

B. 转让尚未到期长期债券投资取得的净收益

C. 出售不需用固定资产取得的净收益

D. 出租无形资产使用权取得的租金

10. 若需获取一个企业至本期末止的累计盈亏情况,其信息应反映在( )中。

A. 资产负债表
B. 利润表
C. 现金流量表
D. 股东权益增减变动表

二、多项选择题

1. 下列项目中,属于会计基本等式的有( )。

A. 资产＝权益

B. 资产＝负债＋所有者权益

C. 资产＝负债＋股东权益

D. 资产＝负债＋所有者权益＋(收入－费用)

2. 下列项目中,不属于会计账簿按其用途分类的是(　　)。

A. 总分类账和明细分类账

B. 订本账、活页账和卡片账

C. 金额三栏式、数量金额三栏式和多栏式

D. 序时账、分类账和备查簿

3. 下列项目中,属于企业存货的是(　　)。

A. 采用委托代销方式,已将委托代销商品发出,但尚未收到代销清单的商品

B. 采用分期收款方式,已将商品发出并已到分期收款约定日,但尚未收到款项的商品

C. 由于产品销售出租或出借给购买单位尚未收回的出租或出借的包装物

D. 已取得物资的所有权而尚未支付款项,但已承担现时义务的在途物资

4. 长期债权投资所发生的相关税费可能计入的项目是(　　)。

A. 列入当期的管理费用　　　　　B. 冲减当期的投资收益

C. 长期债权投资的初始投资成本　D. 作为当期的营业外支出

5. 下列项目中,不会在资产负债表中单独列项反映的是(　　)。

A. 坏账准备　　　　　　　　　　B. 存货跌价准备

C. 固定资产减值准备　　　　　　D. 无形资产减值准备

6. 下列有关劳务收入确认的表述中,正确的有(　　)。

A. 在同一会计年度内开始并完成的劳务,在劳务完成时确认收入

B. 劳务的开始和完成分属不同的会计年度,应按完工百分比法确认收入

C. 在资产负债表日尚未完工的劳务,且在对该项提供劳务总收入或总成本不能可靠估计的情况下,按已经发生的劳务成本预计

能够得到补偿的部分确认收入

D. 无论劳务的开始或完成是否跨年度,均应在劳务完成并收到款项时确认收入

7. 下列项目中,对于长期负债表述不正确的是(　　)。

A. 长期负债所涉及的科目余额在期末资产负债表中须直接填列在非流动负债项目中

B. 长期负债所涉及的借款费用均应计入当期损益

C. 长期负债的本金及利息的支付在现金流量表中均应作为筹资活动现金流出量反映

D. 长期负债的内容主要包括长期借款、应付债券、长期应付款和专项应付款

8. 下列项目中,对于企业特殊劳务收入的确认表述正确的是(　　)。

A. 如果安装费是商品销售收入的一部分,则应与所销售的商品同时确认收入

B. 广告制作佣金收入应在相关的广告或商业行为开始于公众面前时予以确认收入

C. 提供特许权的有形资产部分应在资产的所有权转移时确认收入

D. 包括在商品售价内的服务费应递延至提供服务的期间内确认收入

三、判断题

1. 相关性要求企业的财务会计报告提供通用的会计信息,而并不要求企业财务会计报告提供的信息满足所有使用者的所有需要。(　　)

2. 更正错账时,若会计科目没有错误,只是金额错误,也可以将正确数字与错误数字之间的差额,另编一张调整的记账凭证,调增金额用蓝字,调减金额用红字。(　　)

3. 企业当期计算并交纳当期的增值税款,应通过"应交税金——应交增值税"明细科目核算;而当期交纳以前期所欠增值税款时,应通过

"应交税金——未交增值税"明细科目核算。(　　)

4. 投资人投入到企业的资产均应纳入"实收资本(或股本)"科目核算,并按投资人设置明细科目。(　　)

5. 企业应从是否收到货币资金及销售商品实物是否已经发出两个主要条件来判断,并以此作为销售商品收入的确认标准。(　　)

6. 若企业以溢价发行债券,在债券计息并摊销溢价时确认的实际利息费用一定大于债券的名义利息;若以折价发行债券,在债券计息并摊销折价时确认的实际利息费用一定小于债券的名义利息。(　　)

7. 产品成本计算的基本方法是指基本生产车间生产商品产品计算成本的方法;而辅助生产车间提供劳务的成本计算则称为成本计算的辅助方法。(　　)

8. 企业在以前年度亏损尚未弥补完之前不得提取法定盈余公积;在提取法定盈余公积之前不得向投资者分配现金股利或利润。(　　)

四、名词解释

1. 权责发生制

2. 资产

3. 待摊费用和预提费用

4. 财务会计报告

五、简答题

1. 何谓会计核算方法?其主要方法包括哪几个方面?

2. 如何理解存货的界定标准?企业存货的主要来源有哪几个方面?

六、会计业务题

题(一)

1. 资料:

假设 N 公司本期发生下列经济业务:

(1)接受某一投资人以银行存款 200000 元投资,款项收妥入账。

(2)以银行存款购入原材料一批,实际成本 240000 元。

(3)发出原材料一批用于产品生产,实际成本 250000 元。

(4)以银行存款支付生产产品的费用 60000 元(假设不通过"制造费用"科目)。

(5)产品生产完工转出产品成本 500000 元。

(6)产品对外销售取得收入 800000 元并收妥入账,结转产品成本 600000 元。

(7)以银行存款归还短期借款 50000 元,归还长期借款 200000 元(假设不考虑利息费用)。

(8)以银行存款 280000 元购入某项不需安装设备一台。

(9)收回某购货单位原欠货款 90000 元。

(10)从银行提取现金 4000 元。

(11)以现金 3000 元和银行存款 70000 元支付本期的期间费用(假设为管理费用)。

(12)根据今年的损益情况,按 15% 提取法定盈余公积(金额略)。

(13)根据公司决议,宣告向投资者分派现金股利(金额略)。

(14)以银行存款向投资者支付现金股利(金额略)。

注:除上述经济业务外,本题假设不考虑其他经济业务和上述业务所涉及的各项税费。

2. 要求:根据上述经济业务按其账户性质与会计恒等式的平衡关系,将其序号填入下表中:

经济业务类型	经济业务序号
资产此增彼减	
权益此增彼减	
资产权益同增	
资产权益同减	

题(二)

1. 资料：某企业 2006 年短期投资的有关情况如下：

(1)4 月 20 日以银行存款购入 A 股票 3000 股，每股单价 12 元，其中包括已宣告发放而尚未领取的现金股利每股 1 元，另支付相关税费 100 元。而后收到现金股利。

(2)5 月 15 日又以银行存款购入 A 股票 2000 股，每股单价 10 元，另支付相关税费 50 元。

(3)6 月 30 日，A 股票的市价为每股 9 元，该企业按单项计提短期投资跌价准备。

(4)7 月 25 日，该企业将 A 股票的 45% 对外出售，取得净收入 19000 元。

(5)12 月 31 日，A 股票的市价为每股 9.50 元。

2. 要求：根据上述资料编制相关的会计分录，并说明该项短期投资会对 2006 年度利润表中的利润总额影响金额（增加或减少）是多少？

题(三)

1. 资料：某股份有限公司本年度发生下列筹资业务：

(1)7 月 1 日从银行取得为期三个月的短期借款 200000 元，用于补充生产流动资金的不足，借款年利率为 3%，采用按月预提、季末结算并支付借款本息的方式。

(2)11 月 1 日因生产需要，为购建固定资产从银行借入两年期，到期一次还本付息的长期借款 4000000 元，借款年利率 6%（本年末该项借款费用尚未达到资本化开始的条件）。

(3)经有关部门批准，12 月 1 日对外发行普通股股票 1000 万股，每股面值 1 元，发行价格 5 元，假设证券发行机构按发行价格的 1% 收取手续费，直接从发行收入中扣除（不考虑发行期间取得款项在冻结期间的利息收入）。本年末该项股票发行的筹资款项现已全部收妥入账。

2. 要求:根据上述资料:

(1)编制短期借款取得、各月计息及到期还本付息的会计分录。

(2)编制长期借款的取得、本年末计息的会计分录。

(3)编制股票发行取得款项时的会计分录。

(4)说明上述业务对本年度利润表中的营业利润影响金额(增加或减少)是多少?

题(四)

1. 资料:

(1)某企业于 2000 年 1 月以银行存款 2600000 元购入某项可转让专利权,并作为无形资产入账。该项专利权法律规定的有效年限为 15 年,该企业购入该项专利权的估计受益年限为 10 年。

(2)该企业于 2005 年末对其进行检查时,发现由于不利因素的影响,该项专利权的预计可收回金额为 900000 元。

(3)该企业于 2007 年 7 月 5 日将上述专利权对外出售,取得价款 750000 元(营业税率为 5%,计税价格为 800000 元)。

2. 要求:根据上述资料编制有关的会计分录。

模拟试卷(三)

一、单项选择题

1. 会计对象是指会计主体在社会再生产过程中的(　　)。

   A. 全部经济活动

   B. 供应、生产和销售过程中的经济活动

   C. 能以货币表现的经济活动

   D. 生产成本的发生和期间费用归集的经济活动

2. 企业公认的会计处理方法,如折旧、摊销及某些损益确认的存在基础是(　　)。

   A. 会计主体　　　　　　　　B. 持续经营

   C. 会计分期　　　　　　　　D. 货币计量

3. 所有账户本期借方发生额之和等于本期贷方发生额之和是由于(　　)。

   A. 借贷记账法记账规则　　　B. 会计科目的科学分类

   C. 试算平衡调整的结果　　　D. 平行登记法的登账要求

4. 其他货币资金不包括(　　)。

   A. 已汇往异地开户行开立采购专户的款项

   B. 已从基本存款账户转入银行汇票的款项

   C. 已存入证券公司但尚未进行短期投资的款项

   D. 已预付给本单位部门或个人的备用金而尚未结算的款项

5. 企业长期股权投资采用成本法还是采用权益法进行会计核算的依据是(　　)。

   A. 对被投资企业未来损益的趋势预测变化

   B. 投出资产的形态及投出资产的价值

C. 投资后对被投资企业财务决策或经营政策的影响程度

D. 持股份额占被投资企业权益性表决权比例是在 20% 以上还是在 20% 以下

6. 企业结账的时间应为( )。

A. 每项经济业务终了时   B. 一定会计期间终了时

C. 会计报表编制完成之后   D. 每一个工作日终了时

7. 某企业"应收账款"科目月末借方余额 60000 元,其中"应收甲公司账款"明细科目借方余额为 80000 元,"应收乙公司账款"明细科目贷方余额 20000 元;"预收账款"科目月末贷方余额为 20000 元,其中"预收丙公司账款"明细科目贷方余额为 30000 元,"预收丁公司账款"明细科目借方余额为 10000 元。假设不考虑计提坏账准备,则该企业月末资产负债表中"应收账款"项目填列的金额应为( )元。

A. 40000   B. 50000

C. 60000   D. 90000

8. 关于对会计凭证的下列表述中不正确的是( )。

A. 外来原始凭证一般都是一次性凭证

B. 记账凭证是登记总分类账户的依据,原始凭证是登记明细分类账户的依据

C. 企业每项经济业务的发生不一定都必须从外部取得原始凭证

D. 转账凭证是用来记录与现金、银行存款收付款业务无关的记账凭证

9. 下列项目中,应计提折旧的是( )。

A. 已提足折旧但仍在继续使用的固定资产

B. 因无使用价值和转让价值,已全额计提减值准备的固定资产

C. 已办理竣工决算但尚未投入使用和尚待处置的不需用固定资产

D. 原已投入使用而后转入扩、改建且尚未完工的固定资产

10. 资产负债表的下列流动负债项目,在填列时不会以负号反映的

是(　　　)。

　　A. 应付工资　　　　　　　　B. 短期借款

　　C. 应交税金　　　　　　　　D. 应付福利费

二、多项选择题

1. 下列方法中,符合谨慎性要求的有(　　　)。

　　A. 对符合计提减值准备条件的短期投资或存货计提跌价准备

　　B. 在固定资产的价值损耗选择采用双倍余额递减法或年数总和法

　　C. 对租赁期内不具有所有权的融资租入固定资产视为自有资产进行核算与管理

　　D. 对企业各期的损益确认采用权责发生制

2. 在备抵法下,应收款项估计坏账损失的方法主要有(　　　)。

　　A. 余额百分比法　　　　　　B. 账龄分析法

　　C. 赊销百分比法　　　　　　D. 直接转销法

3. 下列项目中,不应计入长期股权投资初始投资成本的是(　　　)。

　　A. 为取得长期股权投资所发生的评估费、审计费和咨询费

　　B. 实际支付价款中包括的已宣告发放但尚未领取的现金股利

　　C. 实际支付价款中包括的税金和手续费

　　D. 为取得长期股权投资而借入资金所发生的借款费用

4. 以下收支项目中,需要配比的有(　　　)。

　　A. 主营业务收入与主营业务成本

　　B. 营业外收入与营业外支出

　　C. 其他业务收入与其他业务支出

　　D. 投资收益与投资损失

5. 下列项目中,属于辅助生产费用分配的方法是(　　　)。

　　A. 直接分配法　　　　　　　B. 交互分配法

　　C. 顺序分配法　　　　　　　D. 按年度计划分配率法

6. 在选择生产费用在完工产品与在产品之间分配的方法时,应考虑的因素有(　　　)。

A. 在产品数量的多少

B. 各月在产品数量变化的大小

C. 各项费用比重的大小

D. 定额管理基础工作的制定与落实

7. 下列科目中,年度终了可能有余额的是( )。

A. 生产成本

B. 本年利润

C. 制造费用

D. 待摊费用

8. 根据我国现金流量表的编制规定,对于经营活动现金流量净额的编制方法分别有"直接法"和"间接法"。对其下列表述中正确的是( )。

A. 直接法以净利润为起算点,而间接法以营业收入为起算点

B. 直接法在现金流量表正表中反映,而间接法在现金流量表的补充资料中反映

C. 直接法和间接法计算的结果一定完全相同

D. 直接法是采用收付实现制编制,而间接法则是采用权责发生制编制

三、判断题

1. 实质重于形式是指企业在会计核算时,对于所有经济业务的会计处理应以法律的实质重于经济业务的形式为前提,保证会计信息的合法性。( )

2. 在期初固定资产原值和采用的折旧率不变的情况下,企业每期计提折旧费金额的多少,则取决于固定资产使用中和未使用的比例变化。( )

3. 融资租入的固定资产,虽然在租赁期内未取得其所有权,但遵循实质重于形式的要求应由承租方计提折旧。( )

4. 企业在劳务收入的确认上,对于在同一会计年度内开始并完成的劳务,应在劳务完成时确认劳务收入;而对于劳务的开始和完成分属不同的会计年度,且在资产负债表日能够对交易结果做出可靠估计

的,应按完工百分比法确认劳务收入。（　　）

5. 对于涉及现金和银行存款之间的划转业务,只需编制收款凭证,而不需编制付款凭证,以避免重复记账。（　　）

6. 应收账款应在收入实现时确认,在确定应收账款的入账金额时,不考虑日后可能发生的现金折扣和销售折让,而是在其日后实际发生时,再冲减当期的营业收入。（　　）

7. 利润表中的除各步损益的计算在其计算结果出现亏损时会以负号填列,每一具体的报表损益类项目根据本期损益类科目的发生额分析填列的数据均应以正号反映。（　　）

8. 企业以盈余公积弥补亏损,既不会影响企业所有者权益总额的变动,也不会影响留存收益总额的变动。（　　）

四、名词解释

1. 持续经营

2. 负债

3. 产品成本与期间费用

4. 利润表

五、简答题

1. 会计信息质量要求主要包括哪几方面内容?

2. 简述所有者权益所包括的主要内容及其异同。

六、会计业务题

题(一)

1. 资料:

假设 W 公司本期发生下列经济业务:

(1)接受某一投资人以银行存款 200000 元投资,款项收妥入账。

(2)以银行存款购入原材料一批,实际成本 240000 元。

(3)发出原材料一批用于产品生产,实际成本 250000 元。

(4)以银行存款支付生产产品的费用 20000 元(假设不通过"制造费用"

科目,下同)。

(5)本期计提固定资产折旧 40000 元。

(6)从银行提取现金 140000 元,准备发放工资。

(7)将上述提取的现金 140000 元支付工资。

(8)分配上述工资费用,其中产品承担 120000 元;管理费用承担 20000 元。

(9)产品生产完工转出产品成本 500000 元。

(10)产品对外销售取得收入 800000 元并收妥入账,结转产品成本 600000 元。

(11)以银行存款归还短期借款 50000 元,归还长期借款 200000 元(假设不考虑利息费用)。

(12)以银行存款 280000 元购入某项不需安装设备一台。

(13)收回某购货单位原欠货款 90000 元。

(14)从银行提取现金 4000 元。

(15)以现金 3000 元和银行存款 70000 元支付本期的期间费用(假设为管理费用)。

(16)将上述业务的收入、成本和期间费用转入本年利润,并期终转入未分配利润。

注:除上述经济业务外,本题假设不考虑其他经济业务和上述业务所涉及的各项税费。

2. 要求:根据上述经济业务编制有关的会计分录。

题(二)

1. 资料:某企业于 2002 年初设立,对应收账款采用余额百分比法计提坏账准备,计提比例为 10%。已知有关计提坏账准备的资料如下:

(1)该企业各年度末计提坏账准备的应收账款余额如下表所列:

金额单位:元

年　度	2002 年末	2003 年末	2004 年末	2005 年末
应收账款余额	3500000	4000000	3800000	4200000

(2)该企业于 2003 年度确认坏账损失 400000 元。

(3)该企业于 2004 年度原已确认坏账又收回 150000 元。

2. 要求:根据上述资料,编制该企业各年度及年末有关业务的会计分录。

题(三)

1. 资料:某企业于上年 11 月份接受一项劳务工程,采用完工百分比法确认劳务收入。该项劳务固定合同总收入为 3000000 元,预计合同总成本为 2100000 元。上年度实际发生劳务成本 630000 元,预计劳务总成本没有变化;截至今年末已发生累计劳务成本 2100000 元,由于材料价格的上涨,预计完成全部劳务还将发生劳务成本 300000 元。该企业于上年末已预收劳务款 800000 元,今年上半年末又预收到劳务款 1000000 元。

2. 要求:根据上述资料:

(1)编制本年收到预收劳务款的会计分录。

(2)编制本年发生劳务成本的会计分录(假设均为人工费用)。

(3)确认本年劳务收入,并编制会计分录。

(4)确认本年的劳务毛利。

(5)确认本年末预收账款科目的余额(注明借方或贷方)。

(6)假设该项劳务于明年完工,预计劳务总成本没有变化,明年应确认的劳务毛利应是多少? 该项劳务的累计总毛利又是多少?

注:假设不考虑各项税费。

题(四)

1. 资料:某企业为增值税的一般纳税企业,增值税率为 17%,所得税核算采用应付税款法,所得税率为 33%。已知该企业本年度的主营业务利润为 6000000 元。年初"利润分配——未分配利润"明细科目为贷方余额 1000000 元。另本年度发生下列有关业务:

(1)对外销售积压原材料一批,该批原材料的实际成本 300000 元,处置含税收入 374400 元已收妥入账。

(2)本年度发生管理费用 400000 元;财务费用 150000 元;营业费用 100000 元。

(3)以前年度购入的长期债权投资(债券投资)在本年度到期,该债券采用到期一次还本付息方式,收回债券本金 180000 元,债券利息 10000 元。

(4)本年度处置固定资产确认营业外支出 20000 元。

(5)本年度对外出售无形资产确认营业外收入 60000 元。

2. 要求:根据上述资料:

(1)根据资料(1)编制有关的会计分录。

(2)根据上述资料确认该企业本年度的利润总额。

(3)根据该企业本年度利润总额确认该企业的所得税费用和应交所得税(假设会计利润总额即为应税所得)。

(4)按该企业税后净利润的 10% 提取法定盈余公积,按净利润的 5% 提取任意盈余公积,不再作其他分配,计算确认该企业"利润分配——未分配利润"明细科目的年末余额(注明借方或贷方)。

注:上述业务除增值税外不再考虑其他税费。

模拟试卷(四)

一、单项选择题

1. 界定会计核算和监督空间范围的会计假设是(　　)。

    A. 会计主体　　　　　　　　　　B. 持续经营

    C. 会计分期　　　　　　　　　　D. 货币计量

2. 在实际工作中,会计分录一般的记录载体是(　　)。

    A. 原始凭证　　　　　　　　　　B. 记账凭证

    C. 会计账簿　　　　　　　　　　D. 会计报表

3. 对账的内容一般不包括(　　)。

    A. 账证核对　　　　　　　　　　B. 账账核对

    C. 账实核对　　　　　　　　　　D. 账表核对

4. 带息应收票据于期末计提利息时,应贷记的会计科目是(　　)。

    A. 管理费用　　　　　　　　　　B. 财务费用

    C. 预提费用　　　　　　　　　　D. 应收票据

5. 下列账簿中,应采用多栏式账页的是(　　)。

    A. 材料明细账　　　　　　　　　B. 银行存款日记账

    C. 应收账款明细账　　　　　　　D. 生产成本明细账

6. 下列各项中,会引起所有者权益总额发生变化的有(　　)。

    A. 接受其他单位的非现金资产捐赠

    B. 盈余公积弥补亏损

    C. 盈余公积或资本公积转增资本

    D. 按净利润的规定比例提取法定盈余公积

7. 下列项目中,不属于长期负债的是(　　)。

    A. 应付债券

B. 专项应付款

C. 应付补偿贸易方式引进设备款

D. 应付股利

8. 下列项目中,属于应付金额肯定的流动负债是(　　)。

  A. 应付票据　　　　　　　　B. 应付工资

  C. 应交税金　　　　　　　　D. 预提费用

9. 下列项目中,不得直接转增资本(或股本)的是(　　)。

  A. 资本溢价　　　　　　　　B. 其他资本公积

  C. 股本溢价　　　　　　　　D. 股权投资准备

10. 资产负债表中的"应付账款"项目的填列依据是(　　)。

  A. "应付账款"总账科目的期末贷方余额

  B. "应付账款"所属明细科目的期末贷方余额之和

  C. "应付账款"与"预付账款"所属明细科目的期末贷方余额之和

  D. "应付账款"与"预付账款"总账科目期末余额之间的差额

二、多项选择题

1. 会计主体存在的形式可以是(　　)。

  A. 具有独立法人资格的企业

  B. 企业内部能够独立编制会计报表和提供会计信息的特定核算单位

  C. 对外提供合并会计报表的企业集团

  D. 企业内部具有特定职能分工的科室与车间

2. 下列项目中,属于存货按实际成本核算发出的计价方法有(　　)。

  A. 先进先出法　　　　　　　B. 成本与可变现净值孰低法

  C. 年数总和法　　　　　　　D. 加权平均法

3. 企业每期对固定资产计提折旧金额的多少,取决的因素主要有(　　)。

  A. 原始价值　　　　　　　　B. 预计净残值

  C. 预计使用年限　　　　　　D. 选择的折旧方法

4. 下列项目中,应收账款的入账金额(现金折扣采用总价法)包括的内容是(　　)。

　　A. 销售商品增值税的销项税额

　　B. 代购买方支付的代垫运费

　　C. 销售商品确认的销售收入

　　D. 商品标价中已由购买方享有的商业折扣

5. 下列项目中,企业可以用来弥补亏损的有(　　)。

　　A. 法定盈余公积　　　　　　　B. 以后年度实现的利润

　　C. 任意盈余公积　　　　　　　D. 资本公积

6. 下列项目中,属于其他业务收入的内容有(　　)。

　　A. 销售材料确认的收入

　　B. 出租固定资产或包装物确认的收入

　　C. 销售自制半成品、代销品确认的收入

　　D. 出租无形资产确认的收入

7. 产品成本计算的基本方法包括(　　)。

　　A. 品种法　　　　　　　　　　B. 分批法

　　C. 分步法　　　　　　　　　　D. 计划成本法

8. 下列项目中,属于反映企业财务状况的报表是(　　)。

　　A. 资产负债表　　　　　　　　B. 利润表

　　C. 现金流量表　　　　　　　　D. 股东权益增减变动表

三、判断题

1. 根据会计核算的基本特征,货币计量是会计核算工作的惟一计量单位。(　　)

2. 谨慎性要求企业不仅要核算可能发生的收入,也要核算可能发生的费用和损失,以便对未来的收益进行充分的预测和未来风险进行合理的估计,满足信息使用者所需。(　　)

3. "长期借款"和"短期借款"科目的期末余额,均反映企业尚未归还银行或金融机构的借款本息。(　　)

4. 应付债券在计息时,若有溢价摊销则使当期的实际利息费用小于名义利息费用,若为折价摊销则反之。(   )

5. 采用借贷记账法,期末只要经过试算平衡且借贷各方的余额和发生额均相等,就说明企业的账户记录一定没有错误。(   )

6. "待处理财产损溢"所记录的财产物资盘盈或盘亏的金额,若在期末结账前尚未得以批准可暂不进行处理,在对外提供会计报告的附注中加以说明。(   )

7. "利润分配——未分配利润"明细科目的余额,反映企业累计至本期末止尚未分配完的利润或留待以后年度弥补的亏损。(   )

8. 企业购买商品、接受劳务所支付的增值税额,无论是否可以作为进项税额抵扣,均应列入现金流量表经营活动现金流量中的"购买商品、接受劳务支付的现金"项目中。(   )

四、名词解释

1. 复式记账法

2. 所有者权益

3. 账户对应关系和对应账户

4. 资产负债表

五、简答题

1. 会计的基本职能有哪些? 如何理解它们之间的内在联系?

2. 简述生产费用在完工产品和在产品之间的分配方法和适用条件。

六、会计业务题

题(一)

1. 资料:

(1)D公司本期期初资产负债表的年初数如下表所列:

金额单位:元

资产	年初数	期末数	负债和所有者权益	年初数	期末数
流动资产:			短期借款	200000	
货币资金	304000		长期借款	400000	
应收账款	120000		负债合计	600000	
存货	550000		所有者权益		
长期资产:			实收资本	900000	
固定资产	700000		未分配利润	174000	
资产合计	1674000		负债和所有者权益合计	1674000	

(2)假设 D 企业本期只发生下列经济业务:

1)接受某一投资人以银行存款 200000 元投资,款项收妥入账。

2)以银行存款购入原材料一批,实际成本 240000 元。

3)发出原材料一批用于产品生产,实际成本 250000 元。

4)以银行存款支付生产产品的费用 60000 元(假设不通过制造费用科目)。

5)产品生产完工转出产品成本 500000 元。

6)产品对外销售取得收入 800000 元并收妥入账,结转产品成本 600000 元。

7)以银行存款归还短期借款 50000 元,归还长期借款 200000 元(假设不考虑利息费用)。

8)以银行存款 280000 元购入某项不需安装设备一台。

9)收回某购货单位原欠货款 90000 元。

10)从银行提取现金 4000 元。

11)以现金 3000 元和银行存款 70000 元支付本期的期间费用(假设为管理费用)。

12)将上述业务的收入、成本和期间费用转入本年利润,并期终转入未分配利润。

注:除上述经济业务外,本题假设不考虑其他经济业务和上述业务所涉及的各项税费。

2. 要求:

根据上述业务,计算该企业本期资产负债表各项目的期末数,将计算结果填入上列资产负债表中即可。

题(二)

1. 资料:某企业因生产经营需要经批准于 2004 年 12 月 28 日委托某证券公司发行本企业的公司债券,债券面值 3000000 元,发行价格 3060000 元(假设不考虑发行费用,该债券筹集资金与固定资产购建无关),期限三年,年利率 6%,债券到期一次还本付息。债券资金于 2005 年 1 月 1 日收妥入账,并开始计息。债券溢价采用直线法摊销。

2. 要求:根据上述资料,编制该债券发行、每年末计息和到期还本付息的会计分录。(应付债券要求写出明细科目)

题(三)

1. 资料:某企业为增值税的一般纳税企业,增值税率为 17%。现因生产需要自行建造一条产品生产流水线。有关资料如下:

(1)购入工程所需物资,增值税专用发票列明价款 400000 元,增值税额 68000 元,另发生运输费用 12000 元,上述款项均以银行存款支付。

(2)工程开始施工,领用上述购入的全部工程所需物资。

(3)另该项工程领用本企业生产的产品实际成本 80000 元,计税价格 100000 元。

(4)工程领用原材料实际成本 50000 元,应负担增值税额为 8500 元。

(5)本企业辅助生产车间为工程提供劳务服务实际成本 40000 元。

(6)以银行存款支付工程的其他支出 124500 元。

(7)于本年度 12 月 28 日达到预定可使用状态,并交付生产车间使用。

(8)该设备采用年数总和法计提折旧,预计使用 8 年,预计净残值率为 4%。

(9)假设该设备在使用至第 5 年末时因企业产品改型转产,将该生产线捐赠给其他单位,清理时以银行存款支付清理费用 100000 元。

2. 要求:

(1)根据上述资料(1)～(7),编制有关业务的会计分录。

(2)根据资料(8)编制该生产线第一年计提折旧的会计分录(按年计提)。

(3)编制该生产流水线在捐赠处置时的会计分录。

(4)说明该项设备在处置时对企业当期利润表中的营业利润的影响额是多少?

注:应交税金要求写出明细科目(专栏),各年折旧计算金额以元为单位四舍五入。

题(四)

1. 资料:某企业所得税核算采用应付税款法,所得税率为 33%。本年初"利润分配——未分配利润"明细科目为贷方余额 800000 元(未超过税法规定税前弥补期限)。有关利润分配的资料如下:

(1)本年度实现会计利润总额为 9600000 元。

(2)假设无其他纳税调整事项。

(3)该企业按规定的计提基数比例的 10% 提取法定盈余公积,5% 提取任意盈余公积。

(4)经董事会利润分配预案决议,按剩余可供分配利润的 30% 向投资者分配现金股利。

2. 要求:根据上述资料:

(1)计算本年所得税费用和应交所得税。

(2)编制将本年利润年终结转的会计分录。

(3)编制利润分配及年终结转有关的会计分录。

(4)确定该企业年末的未分配利润金额。

模拟试卷(五)

一、单项选择题

1. 从核算效益看,对所有会计事项不分轻重主次和繁简详略,采取完全相同方法,不符合( )。

   A. 明晰性   B. 重要性

   C. 相关性   D. 谨慎性

2. 在借贷记账法下,账户的借方或贷方,哪一方记录增加数或是减少数,取决于( )。

   A. 经济业务涉及账户的多少所反映的简单分录或是复合分录

   B. 会计计量尺度及会计计量属性的确认标准

   C. 账户对应关系及对应账户的复式记账原理

   D. 账户分类所反映账户的经济内容或经济性质

3. 不同记账程序(即账务处理程序)的主要区别是( )。

   A. 填列会计凭证的程序不同

   B. 登记总分类账的依据不同

   C. 编制会计报表的方法不同

   D. 会计人员记账工作量的繁简不同

4. 在采用分期收款方式销售商品,销售方确认该商品销售收入的时点是( )。

   A. 所售商品发出时

   B. 所售商品运达购货方指定位置时

   C. 销售合同约定的分期收款日

   D. 收到该批商品的全部款项时

5. 下列与原材料有关的项目中,应计入管理费用的是( )。

  A. 由于计量收发差错引起的原材料盘亏

  B. 由于自然灾害所造成的原材料毁损的净损失

  C. 采购原材料在运输途中发生的合理损耗

  D. 原材料在入库前发生的挑选整理费用

6. 对于银行存款的清查,下列表述中不正确的是(　　　)。

  A. 企业银行存款日记账与银行对账单双方余额不符可能存在某方的记账错误

  B. 企业银行存款日记账与银行对账单双方余额不符可能存在未达账项

  C. 在更正记账错误的基础上将全部未达账项调整后余额一般即可相符

  D. 企业可根据银行存款余额调节表调整后的余额进行会计处理,使双方余额相等

7. 委托加工应税消费品收回后继续加工应税消费品(非金银首饰),在委托方为增值税小规模纳税人的前提下,委托加工物资的实际成本构成内容不应包括(　　　)。

  A. 委托加工物资加工中实际耗用物资的实际成本

  B. 支付给加工方的加工费

  C. 支付给加工方的增值税

  D. 支付给加工方的消费税

8. 下列经济业务的发生,会影响利润表"营业利润"项目金额变动的是(　　　)。

  A. 出售积压材料确认的损益

  B. 转让无形资产确认的损益

  C. 处置短期或长期投资确认的损益

  D. 支付税收罚款或取得补贴收入

9. 下列科目中,年度终了一定无余额的是(　　　)。

  A. 生产成本　　　　　　　　　B. 本年利润

C. 待摊费用   D. 利润分配

10. 期间费用不包括(   )。

    A. 管理费用   B. 制造费用

    C. 财务费用   D. 营业费用

二、多项选择题

1. 下列各项中,属于会计特点是(   )。

    A. 会计的本质是一种管理活动

    B. 会计以实物计量为基本形式

    C. 会计以货币计量为基本形式

    D. 会计核算具有完整性、连续性和系统性

2. 下列对于所有者权益表述正确的是(   )。

    A. 所有者权益是指企业资产扣除负债后由所有者享有的剩余权益

    B. 所有者权益的内容主要包括实收资本(股本)、资本公积和留存收益

    C. 投资人当期对企业投入资产必定会导致企业期末所有者权益的增加

    D. 企业经营盈亏的结果将会影响企业所有者权益本身的增加或减少

3. 下列项目中,对于原始凭证表述正确的是(   )。

    A. 原始凭证也属于会计档案的组成内容,应按规定妥善保管

    B. 原始凭证都是外来的一次凭证,所以应由外部出具凭证的单位或个人填列

    C. 从外单位取得的原始凭证如有遗失又确实无法取得证明的,可将经批准的由当事人写出的详细情况代作原始凭证

    D. 原始凭证一律不得外借,如因特殊原因经批准后只可将复制件外借并履行相关程序

4. 下列项目中,属于营业费用的是(   )。

    A. 随同产品销售出租包装物的价值摊销

  B. 采用委托代销方式应向代销方支付的代销手续费

  C. 企业在产品销售过程中发生的运输费、广告费和销售服务费

  D. 商品流通企业在采购商品时发生的采购费用

5. 下列项目中,属于产品成本项目的是(　　　　)。

  A. 制造费用   B. 折旧费

  C. 燃料和动力   D. 外购材料

6. 下列项目中,不属于"收入"会计要素的是(　　　　)。

  A. 其他业务收入   B. 投资收益

  C. 补贴收入   D. 营业外收入

7. 下列项目中,属于费用的最基本的分类是(　　　　)。

  A. 按费用的经济用途   B. 按费用计入产品成本的方法

  C. 按费用的经济内容   D. 按费用与生产工艺的关系

8. 下列项目中,属于反映企业经营成果的报表是(　　　　)。

  A. 利润表   B. 利润分配表

  C. 现金流量表   D. 业务(或地区)分部报告

三、判断题

1. 重要性原则是指在会计核算中,对于重要事项,足以影响报表使用者作出决策的,应分别核算,重点说明;而对于次要事项,则可以不予核算。(　　)

2. 为贯彻谨慎性,企业只有在收到货币资金时才能确认商品销售收入。(　　)

3. 长期股权投资采用成本法,投资后如被投资单位未宣告分派现金股利或利润,投资企业则不需进行账务处理。(　　)

4. 对于预收款业务不多的企业,可以不设置"预收账款"科目,在企业预收客户款项时,可将其直接计入"应收账款"科目的贷方,以表示负债的发生;同理,对于预付业务不多的企业,也可以不设置"预付账款"科目,在向销售方预付款项时,将其直接计入"应付账款"科目的借方,以表示债权的确认。(　　)

5."短期借款"科目的期末余额一定在贷方,表示企业尚未归还短期借款的本息。( )

6.企业期末应对各项长期资产进行检查,若有确凿证据表明某项长期资产的可收回金额低于其账面价值,则可对其计提资产减值准备。( )

7.企业自行研制开发专利权所发生的有关研制成本的各项支出,应将其列为当期费用处理,而不作为无形资产的成本核算。( )

8.加速折旧法和平均年限法相比,并不改变某项固定资产的应提折旧总额和缩短折旧年限,仅是产生了该项固定资产在各期确认的折旧费用与平均年限法的不一致,并不影响各期所确认的利润总额。( )

四、名词解释

1.无形资产

2.投资

3.会计凭证与账簿

4.现金等价物

五、简答题

1.何谓记账程序?我国企业采用的主要记账程序有哪几种,其主要特点和适用条件是什么?

2.企业销售商品确认收入的具体原则包括哪些?确认收入后实际发生的现金折扣和销售折让的会计处理有何不同?

六、会计业务题

题(一)

1.资料:2006年3月某企业A材料收入和发出的数量如下明细账所列:

A 材料明细账　　　　　　　　金额单位:元

×年		摘　要	收入			发出			结存		
月	日		数量	单价	金额	数量	单价	金额	数量	单价	金额
3	1	期初余额							500	5	
	5	购入	600	5.5							
	11	发出				700					
	15	购入	200	5.7							
	18	发出				300					
	24		800	6							
	30	发出				580					
3	31	本月发生额及月末余额	1600			1580			520		

　　2. 要求:根据上述资料,分别采用"先进先出法"和"月末一次加权平均法"计算 A 材料本月发出的实际成本和月末结存的实际成本,将计算结果填入下列的明细账中即可。

A 材料明细账(先进先出法)　　　　　　金额单位:元

×年		摘　要	收入			发出			结存		
月	日		数量	单价	金额	数量	单价	金额	数量	单价	金额
3	1	期初余额							500	5	
	5	购入	600	5.5							
	11	发出				700					
	15	购入	200	5.7							
	18	发出				300					
	24		800	6							
	30	发出				580					
3	31	本月发生额及月末余额	1600			1580			520		

A 材料明细账(月末一次加权平均法) 金额单位:元

×年		摘　要	收入			发出			结存		
月	日		数量	单价	金额	数量	单价	金额	数量	单价	金额
3	1	期初余额							500	5	
	5	购入	600	5.5							
	11	发出				700					
	15	购入	200	5.7							
	18	发出				300					
	24		800	6							
	30	发出				580					
3	31	本月发生额及月末余额	1600			1580			520		

题(二)

1. 资料:某企业为增值税的一般纳税企业,增值税率为 17%,消费税率为 10%。现因生产需要,委托其他单位(一般纳税企业)加工应税消费品一批(非金银首饰)。有关资料如下:

(1)发出甲种原材料一批,实际成本 200000 元(假设委托加工物资的往返运费均由加工方负担)。

(2)以银行存款支付加工费 70000 元。

(3)根据加工单位的相关凭证,应付加工单位代扣代缴的增值税和消费税尚未支付。

(4)加工完毕,收回委托加工物资并准备直接对外销售。

2. 要求:根据上述资料,编制有关业务的会计分录。

题(三)

1. 资料:甲企业为商品流通批发企业,乙企业为工业制造企业,且两企业均为增值税的一般纳税企业,增值税率为 17%。根据两企业在上年末签订的购销合同规定,要求乙企业提供其生产的商品供应给甲企业以备销售,乙企业提供商品的总售价为 500000 元(不含税,下同),商品的运输费用由甲企业负担。甲企业按所购商品价款的 60% 向乙企业预付定金,并要求供货方乙企业在收到款项后于两个月内完成其产品的制造,并将商品交付于甲企业,甲企业在验收无误后应向乙企业补付所欠余款。其合同具体执行情况如下:

(1)甲企业于本年度 1 月初以银行存款 300000 元向乙企业预付所购商品价款。

(2)乙企业于 2 月末履约完成商品的制造,商品的实际生产成本为 350000 元,并将商品及时发出,确认商品收入,同时以银行存款支付代垫运费 20000 元。

(3)甲企业收到商品后验收无误,符合合同约定条款要求,则以银行存款补付余款。

另假设甲企业在日后将上述所购商品按 20% 的毛利率全部售出,款项尚未收到,但符合收入确认条件(商品发出的运费由购买方负担)。

2. 要求:根据上述资料:

(1)编制甲企业上述业务有关的会计分录。

(2)编制乙企业上述业务有关的会计分录。

(3)分别说明甲、乙两企业上述业务销售产生的主营业务利润各是多少(假设不考虑其他税费)?

注:应交税金应写出明细科目(专栏)。

题(四)

1. 资料:某企业基本生产车间只生产一种甲产品,采用品种法计算产品成本。由于月末在产品数量很少,则生产费用在完工产品和月末在产品之间的分配采用不计算在产品成本法。本期有关甲产品生产的成本资料如下:

(1)根据材料费用分配表:甲产品直接领用原材料实际成本 300000 元,基本生产车间一般耗用原材料 20000 元。

(2)根据工资费用分配表:甲产品应负担生产工人工资100000元,基本生产车间管理人员工资10000元(按14%比例计提职工福利费)。

(3)根据折旧费用分配表,基本生产车间本月应提折旧12000元。

(4)除上述费用外,基本生产车间还发生不能直接计入产品成本及管理和组织车间生产的费用11972元(假设均以银行存款支付)。

(5)本月有关甲产品实际产量的资料:月初在产品100件,本月投产5400件,月末在产品80件。

2. 要求:根据上述资料:

(1)编制有关业务的会计分录。

(2)计算本月完工甲产品的总成本和单位成本。

参考答案

模拟试卷（一）参考答案

一、单项选择题

1. A	2. C	3. B	4. C
5. C	6. A	7. C	8. D
9. C	10. B		

二、多项选择题

1. A、B、D	2. A、B、D	3. A、B、D	4. B、D
5. B、C、D	6. A、B、C	7. A、B、C、D	8. A、B、C、D

三、判断题

1. ×	2. √	3. ×	4. ×
5. √	6. ×	7. √	8. √

四、名词解释

1. 实质重于形式——企业应当按照交易或者事项的经济实质进行会计确认、计量和报告，不应仅以交易或者事项的法律形式为依据。

2. 存货——是指企业在日常活动中持有以备出售的产成品或商品、处在生产过程中的在产品、在生产过程或提供劳务过程中耗用的材料和物料等。

3. 收入与费用——收入是指企业在日常活动中形成的、会导致所有者权益增加的、与所有者投入资本无关的经济利益的总流入；费用是指企业在日常活动中发生的经济利益的总流出。

4.留存收益——是指企业从历年实现的净利润中提取或形成的留存于企业内部的积累的所有者权益，其内容包括盈余公积和未分配利润。

五、简答题

1.简述会计循环的基本步骤。

答：会计循环是指企业在一个会计期间内，从业务的发生编审凭证开始到编制会计报表为止，财务会计人员运用一定的方法所完成的一系列会计处理程序。其基本步骤包括：①根据经济业务或事项的原始凭证分析业务类型，并按复式记账法编制记账凭证。②根据记账凭证登记有关的总分类账、明细分类账和日记账。③进行调整前的试算平衡。④按权责发生制对应予调整的事项进行必要的调整并编制调整分录过入相应的账户。⑤编制调整后的试算平衡表。⑥对账和结账。⑦编制会计报表。

2.简述固定资产的主要特征和主要分类。

答：固定资产一般应同时具备以下三个特征：①为生产商品、提供劳务、出租或经营管理而持有的有形资产。②使用寿命超过一个会计年度。③单位价值较高。

固定资产的分类主要有以下几种：①按其经济用途分为生产经营用和非生产经营用固定资产。②按其使用情况分为使用中、未使用和不需用固定资产。③按其所有权分为自有和租入固定资产。④结合使用情况和经济用途分为生产经营用、非生产经营用、租出、不需用、未使用、融资租入和土地七大类固定资产。

六、会计业务题

题（一）参考答案：

(1)M公司本期试算平衡表填列结果如下：

金额单位:元

科目名称	期初余额		本期发生额		期末余额	
	借方	贷方	借方	贷方	借方	贷方
现金	4000		4000	3000	5000	
银行存款	300000		1090000	904000	486000	
应收账款	120000			90000	30000	
原材料	80000		240000	250000	70000	
生产成本	220000		310000	500000	30000	
库存商品	250000		500000	600000	150000	
固定资产	700000		280000		980000	
短期借款		200000	50000			150000
长期借款		400000	200000			200000
实收资本		900000		200000		1100000
利润分配		174000		127000		301000
合　　计	1674000	1674000	2674000	2674000	1751000	1751000

题(二)参考答案:

(1)借:原材料　　　　　　　　　　　580000(红字)

　　　贷:应付账款　　　　　　　　　　　580000(红字)

　　借:原材料　　　　　　　　　　　600000

　　　应交税金——应交增值税(进项税额)102000

　　　贷:应付票据　　　　　　　　　　702000

(2)借:原材料　　　　　　　　　　　400000

　　　贷:在途物资　　　　　　　　　　400000

(3)借:原材料　　　　　　　　　　　800000

　　　应交税金——应交增值税(进项税额)136000

　　　贷:银行存款　　　　　　　　　　936000

(4)借:预付账款　　　　　　　　　　300000

贷:银行存款	300000
(5)借:生产成本	1200000
制造费用	300000
管理费用	200000
在建工程	163800
贷:原材料	1840000
应交税金——应交增值税(进项税额转出)	
	23800

题(三)参考答案:

要求(1):

借:在建工程	400000
贷:待转资产价值	400000
借:在建工程	20000
贷:银行存款	20000
借:固定资产	420000
贷:在建工程	420000

要求(2):

借:待转资产价值	400000
贷:应交税金——应交所得税	132000
资本公积——接受非现金资产捐赠准备	268000

要求(3):

借:固定资产清理	131040
累计折旧	288960
贷:固定资产	420000
借:固定资产清理	18000
贷:银行存款	18000
借:银行存款	150000
贷:固定资产清理	150000

借:固定资产清理　　　　　　　　　　　960

　　贷:营业外收入　　　　　　　　　　　　960

借:资本公积——接受捐赠非现金资产准备　268000

　　贷:资本公积——其他资本公积　　　　　268000

题(四)参考答案:

要求(1):编制会计分录

①借:银行存款　　　　　　　　　　　2398500

　　贷:主营业务收入　　　　　　　　　　2050000

　　　应交税金——应交增值税(销项税额)　348500

　借:主营业务成本　　　　　　　　　　1230000

　　贷:库存商品——甲　　　　　　　　　1230000

②借:应收账款　　　　　　　　　　　702000

　　贷:主营业务收入　　　　　　　　　　600000

　　　应交税金——应交增值税(销项税额)　102000

　借:主营业务成本　　　　　　　　　　400000

　　贷:库存商品——乙　　　　　　　　　400000

　借:银行存款　　　　　　　　　　　672000

　　财务费用　　　　　　　　　　　　30000

　　贷:应收账款　　　　　　　　　　　　702000

　借:主营业务税金及附加　　　　　　　60000

　　贷:应交税金——应交消费税　　　　　60000

③借:主营业务收入　　　　　　　　　　50000

　　应交税金——应交增值税(销项税额)　8500

　　贷:银行存款　　　　　　　　　　　　58500

　借:库存商品——甲　　　　　　　　　30000

　　贷:主营业务成本　　　　　　　　　　30000

④借:委托代销商品　　　　　　　　　200000

　　贷:库存商品——乙　　　　　　　　　200000

⑤借:分期收款发出商品　　　　　1350000

　　贷:库存商品——甲　　　　　　　1350000

借:银行存款　　　　　　　　　　877500

　　贷:主营业务收入　　　　　　　750000

　　　应交税金——应交增值税(销项税额)　127500

借:主营业务成本　　　　　　　　450000

　　贷:分期收款发出商品　　　　　450000

要求(2):计算本期的主营业务利润＝1240000(元)

模拟试卷(二)参考答案

一、单项选择题

1. A　　　2. A　　　3. B　　　4. C

5. C　　　6. B　　　7. D　　　8. D

9. D　　　10. A

二、多项选择题

1. A、B、C、D　2. A、B、C　　3. A、C、D　　4. B、C

5. A、B、D　　6. A、C　　　7. A、B　　　8. A、C、D

三、判断题

1. √　　　2. √　　　3. √　　　4. ×

5. ×　　　6. ×　　　7. ×　　　8. √

四、名词解释

1. 权责发生制——权责发生制是以收入和费用是否发生的权责关系为标准来确定本期收入和支出,并确定当期营业损益的一项原则。

2. 资产——是指企业过去的交易或者事项形成的、由企业拥有或者控制的、预期会给企业带来经济利益的资源。

3. 待摊费用和预提费用——待摊费用和预提费用是企业为正确确认

当期损益,运用权责发生制原则所设置的跨期分配科目。待摊费用是指企业已经支出,但应由本期和以后各期分别负担的、分摊期在 1 年以内(含 1 年)的各项费用。预提费用是指企业预先分期计入各期成本费用,以后才实际支付的应付未付费用。

4. 财务会计报告——是指企业对外提供的反映企业在某一特定日期的财务状况和某一会计期间的经营成果、现金流量等会计信息的文件。

五、简答题

1. 何谓会计核算方法? 其主要方法包括哪几个方面?

答:会计核算方法是对会计对象进行连续、系统、全面记录、计算、反映和日常监督所运用的方法。其主要方法包括:设置账户、复式记账、填制和审核凭证、登记账簿、成本计算、财产清查和编制会计报表等。上述各种会计方法构成会计核算一个完整的方法体系。

2. 如何理解存货的界定标准? 企业存货的主要来源有哪几个方面?

答:根据存货的概念则可从以下几个方面对存货界定:①存货是企业的有形流动资产(商品、产成品、在产品、材料和物料等)。②根据企业的生产经营特点确定存货主要是处于企业日常生产经营活动或提供劳务过程中。③存货持有的目的是为了出售或是耗用。

企业存货的主要来源包括:外购、自制、委托加工、接受投资和接受捐赠、债务重组和非货币性资产交换及盘盈而取得。

六、会计业务题

题(一)参考答案:

经济业务类型	经济业务序号
资产此增彼减	(2)、(3)、(4)、(5)、(8)、(9)、(10)
权益此增彼减	(12)、(13)
资产权益同增	(1)、(6)
资产权益同减	(6)、(7)、(11)、(14)

题(二)参考答案:

要求:编制会计分录

(1)借:短期投资——股票投资　　　　　　33100

　　　应收股利　　　　　　　　　　　　　　3000

　　　　贷:银行存款　　　　　　　　　　　　　　36100

　　借:银行存款　　　　　　　　　　　　　3000

　　　　贷:应收股利　　　　　　　　　　　　　　3000

(2)借:短期投资——股票投资　　　　　　20050

　　　　贷:银行存款　　　　　　　　　　　　　　20050

(3)借:投资收益　　　　　　　　　　　　8150

　　　　贷:短期投资跌价准备　　　　　　　　　　8150

(4)借:银行存款　　　　　　　　　　　　19000

　　　短期投资跌价准备　　　　　　　　3667.50

　　　投资收益　　　　　　　　　　　　1250

　　　　贷:短期投资——股票投资　　　　　　23917.50

(5)借:短期投资跌价准备　　　　　　　　1375

　　　　贷:投资收益　　　　　　　　　　　　　　1375

该企业该项短期投资对当期利润表中利润总额的影响金额是:减少利润总额8025元。

题(三)参考答案:

要求(1):7月1日取得借款

借:银行存款　　　　　　　　　　　　　200000

　　贷:短期借款　　　　　　　　　　　　　　　200000

预提7、8两月的利息

借:财务费用　　　　　　　　　　　　　500

　　贷:预提费用　　　　　　　　　　　　　　　500

9月30日到期还本付息

借:预提费用　　　　　　　　　　　　　1000

　　　　财务费用　　　　　　　　　　　　　　　500

　　　　短期借款　　　　　　　　　　　　200000

　　　　贷:银行存款　　　　　　　　　　　　201500

要求(2):取得借款

借:银行存款　　　　　　　　　　　　4000000

　　贷:长期借款——本金　　　　　　　　4000000

年末计息

借:财务费用　　　　　　　　　　　　　40000

　　贷:长期借款——利息　　　　　　　　　40000

要求(3):

借:银行存款　　　　　　　　　　　49500000

　　贷:股本　　　　　　　　　　　　10000000

　　　　资本公积——股本溢价　　　　　39500000

　　要求(4):上述业务对本年利润表中的营业利润影响额是:减少营业利润41500元。

　　题(四)参考答案:

　　(1)借:无形资产——专利权　　　　　　2600000

　　　　　贷:银行存款　　　　　　　　　　2600000

2000~2005年每年摊销额为260000元

　　　　借:管理费用　　　　　　　　　　　260000

　　　　　贷:无形资产——专利权　　　　　　260000

　　6年共摊销金额为1560000元,2005年末的账面摊余价值为1040000元

　　(2)借:营业外支出　　　　　　　　　　140000

　　　　　贷:无形资产减值准备　　　　　　140000

以后每年该项专利权的摊销额为225000元

　　　　借:管理费用　　　　　　　　　　　225000

　　　　　贷:无形资产——专利权　　　　　　225000

(3)2007 年将该项专利权处置,1~6 月应摊销金额为 112500 元

借:银行存款   750000

  无形资产减值准备   140000

  贷:无形资产——专利权   702500

    应交税金——应交营业税 40000

    营业外收入   147500

模拟试卷(三)参考答案

一、单项选择题

1. C	2. B	3. A	4. D
5. C	6. B	7. D	8. B
9. C	10. B		

二、多项选择题

1. A、B	2. A、B、C	3. A、B、D	4. A、C
5. A、B、C	6. A、B、C、D	7. A、C、D	8. B、C

三、判断题

1. ×	2. ×	3. √	4. √
5. ×	6. ×	7. ×	8. √

四、名词解释

1. 持续经营——是指会计核算应当以企业持续、正常的生产经营活动为前提,会计主体的生产经营活动将会无限期地延续,在可预见的未来不会破产与清算。在此假设前提下来运用公认会计原则和会计处理方法进行会计核算。

2. 负债——是指企业过去的交易或者事项形成的、预期会导致经济利益流出企业的现时义务。

3. 产品成本与期间费用——是指费用按经济用途的分类。产品成本

是企业为生产一定种类和数量的产品所发生的费用。期间费用是指本期发生的不计入产品成本(即无特定的费用归属承担对象)、而直接计入发生当期损益的费用,包括管理费用、营业费用和财务费用。

4. 利润表——是反映企业在一定会计期间经营成果的会计报表。以多步式提供企业的主营业务利润、营业利润、利润总额和净利润。

五、简答题

1. 会计信息质量要求主要包括哪几方面的内容?

答:会计信息质量要求主要包括:客观性、相关性、明晰性、可比性、一贯性、实质重于形式、重要性、谨慎性和及时性。

2. 简述所有者权益所包括的主要内容及其异同。

答:所有者权益是指企业资产扣除负债后由所有者享有的剩余权益。其内容包括实收资本(或股本)、资本公积、盈余公积和未分配利润。实收资本是指企业实际收到投资人投入到企业资产而拥有表决权份额的部分,须按每一投资人设置明细科目,也是企业对投资人在进行投资回报时的重要分配标准;而资本公积和留存收益(盈余公积和未分配利润)均属于全体所有者共同拥有的,但前者主要是由于非收益性的原因而转化形成,应按其形成原因设置明细科目;后者是企业从历年累积净利润中按规定留存于企业的收益性转化,并按其是否指定用途分为盈余公积和未分配利润。盈余公积按其形成的依据并结合用途设置明细科目。未分配利润表明企业尚未指定用途的累计至本期末留待以后年度分配的利润或留待以后年度弥补的亏损。

六、会计业务题

题(一)参考答案:

(1)借:银行存款　　　　　　　　　200000

　　　贷:实收资本　　　　　　　　　　　200000

(2)借:原材料　　　　　　　　　　240000

　　　贷:银行存款　　　　　　　　　　　240000

(3)借:生产成本　　　　　　　　　250000

　　　　贷:原材料　　　　　　　　　　　　250000

(4)借:生产成本　　　　　　　　　20000

　　　　贷:银行存款　　　　　　　　　　20000

(5)借:生产成本　　　　　　　　　40000

　　　　贷:累计折旧　　　　　　　　　　40000

(6)借:现金　　　　　　　　　　　140000

　　　　贷:银行存款　　　　　　　　　　140000

(7)借:应付工资　　　　　　　　　140000

　　　　贷:现金　　　　　　　　　　　　140000

(8)借:生产成本　　　　　　　　　120000

　　　　管理费用　　　　　　　　　20000

　　　　贷:应付工资　　　　　　　　　　140000

(9)借:库存商品　　　　　　　　　500000

　　　　贷:生产成本　　　　　　　　　　500000

(10)借:银行存款　　　　　　　　　800000

　　　　贷:主营业务收入　　　　　　　　800000

　　　借:主营业务成本　　　　　　　600000

　　　　贷:库存商品　　　　　　　　　　600000

(11)借:短期借款　　　　　　　　　50000

　　　　长期借款　　　　　　　　　200000

　　　　贷:银行存款　　　　　　　　　　250000

(12)借:固定资产　　　　　　　　　280000

　　　　贷:银行存款　　　　　　　　　　280000

(13)借:银行存款　　　　　　　　　90000

　　　　贷:应收账款　　　　　　　　　　90000

(14)借:现金　　　　　　　　　　　4000

　　　　贷:银行存款　　　　　　　　　　4000

(15)借:管理费用　　　　　　　　　73000

　　　　贷:现金　　　　　　　　　　　　　3000

　　　　　　银行存款　　　　　　　　　　70000

　　(16)借:主营业务收入　　　　　　　　800000

　　　　　　贷:本年利润　　　　　　　　　800000

　　　　借:本年利润　　　　　　　　　　693000

　　　　　　贷:主营业务成本　　　　　　　600000

　　　　　　　管理费用　　　　　　　　　93000

　　　　借:本年利润　　　　　　　　　　107000

　　　　　　贷:利润分配——未分配利润　　107000

题(二)参考答案:

(1)2002 年末计提坏账准备

借:管理费用　　　　　　　　　　　　350000

　　贷:坏账准备　　　　　　　　　　　350000

(2)2003 年度发生坏账损失

借:坏账准备　　　　　　　　　　　　400000

　　贷:应收账款　　　　　　　　　　　400000

(3)2003 年末计提坏账准备

借:管理费用　　　　　　　　　　　　450000

　　贷:坏账准备　　　　　　　　　　　450000

(4)2004 年度原已确认坏账又收回

借:应收账款　　　　　　　　　　　　150000

　　贷:坏账准备　　　　　　　　　　　150000

借:银行存款　　　　　　　　　　　　150000

　　贷:应收账款　　　　　　　　　　　150000

(5)2004 年末冲销多提的坏账准备

借:坏账准备　　　　　　　　　　　　170000

　　贷:管理费用　　　　　　　　　　　170000

(6)2005 年末补提坏账准备

借:管理费用　　　　　　　　　　　　　40000

　　贷:坏账准备　　　　　　　　　　　　　40000

题(三)参考答案:

要求(1):

借:银行存款　　　　　　　　　　　1000000

　　贷:预收账款　　　　　　　　　　　1000000

要求(2):

借:劳务成本　　　　　　　　　　　1470000

　　贷:应付工资　　　　　　　　　　　1470000

要求(3):

上年劳务的完工程度＝(630000÷2100000)×100％＝30％

上年确认的劳务收入＝3000000×30％＝900000(元)

本年累计劳务的完工程度＝(210÷240)×100％＝87.5％

本年劳务的完工程度＝87.5％－30％＝57.5％

本年确认的劳务收入＝3000000×57.5％＝1725000(元)

借:预收账款　　　　　　　　　　　1725000

　　贷:主营业务收入　　　　　　　　　1725000

借:主营业务成本　　　　　　　　　1470000

　　贷:劳务成本　　　　　　　　　　　1470000

要求(4):本年的劳务毛利＝1725000－1470000＝255000(元)

要求(5):预收账款的本年末的期末借方余额＝825000(元)

要求(6):明年确认的劳务毛利＝3000000×12.5％－300000

　　　　　　　　　　　　　　　　＝75000(元)

该项劳务确认的累计总毛利＝3000000－2400000＝600000(元)

题(四)参考答案:

要求(1):

借:银行存款　　　　　　　　　　　374400

　　贷:其他业务收入　　　　　　　　　320000

　　　　　应交税金——应交增值税（销项税额）　　　54400

借：其他业务支出　　　　　　　　　　　300000

　　贷：原材料　　　　　　　　　　　　　　300000

要求（2）：本年度的利润总额为 5420000 元

要求（3）：本年度的所得税费用和应交所得税为 1788600 元

要求（4）：年末未分配利润金额＝1000000＋3631400×（1−15％）

　　　　　　　　　　　　　　　　＝4086690（元）（贷方）

模拟试卷（四）参考答案

一、单项选择题

1. A　　　　　2. B　　　　　3. D　　　　　4. B

5. D　　　　　6. A　　　　　7. D　　　　　8. A

9. D　　　　　10. C

二、多项选择题

1. A、B、C　　2. A、D　　　　3. A、B、C、D　4. A、B、C

5. A、B、C　　6. A、B、D　　7. A、B、C　　8. A、C、D

三、判断题

1. ×　　　　　2. ×　　　　　3. ×　　　　　4. √

5. ×　　　　　6. ×　　　　　7. √　　　　　8. √

四、名词解释

1. 复式记账法——是会计核算的一种专门方法。它是指在每一项经济业务发生后，用相等的金额在相互关联的两个或两个以上的账户中进行登记，以反映会计要素增减变动情况的记账方法。我国规定采用的复式记账方法为借贷记账法。

2. 所有者权益——是指企业资产扣除负债后由所有者享有的剩余权益。其内容包括实收资本（或股本）、资本公积、盈余公积和未分配利润。

　　3. 账户对应关系和对应账户——账户对应关系是指对各项经济业务运用复式记账法在有关账户中进行登记时,会在各有关账户之间形成的某种相互关联的对应关系。存在着对应关系的账户称为对应账户。

　　4. 资产负债表——是反映企业在某一特定日期财务状况的会计报表。其基本结构:左方按资产的流动性顺序排列为流动资产、长期投资、固定资产、无形资产和其他资产;右方为负债和所有者权益,其中负债按期偿付期分为流动负债和长期负债。

五、简答题

　　1. 会计的基本职能有哪些? 如何理解它们之间的内在联系?

　　答:会计的基本职能包括核算和监督两大职能。会计核算职能也称反映职能。它是指会计以货币为主要计量单位,通过确认、计量、记录、计算、报告等环节,对特定会计对象的经济活动进行记账、算账、报账,为会计信息的使用者提供特定会计主体会计信息的功能;会计监督职能是指会计人员在进行会计核算时根据相关的法律和行政法规等,对经济活动的合理性、合法性进行有效地控制或审查。会计核算和监督的职能是会计最基本的职能,两者之间密切相关,不可分割。会计核算是会计监督的基础,如果没有会计核算提供的各种信息,会计监督就失去了客观依据;会计监督则是会计核算信息质量和有用性的保障,只有科学和系统地有效监督,才能保证会计核算信息的真实性和合法性,充分满足会计信息对信息使用者的相关所需。

　　2. 简述生产费用在完工产品和在产品之间的分配方法和适用条件。

　　答:生产费用在完工产品和在产品之间的分配方法及适用条件有:①不计算在产品成本法,适用于月末在产品数量很少的产品。②在产品按固定成本计价法,适用于月末在产品数量较多,但各月变化不大的产品。③在产品按所耗原材料费用计价法,适用于月末在产品数量较多,各月在产品数量变化也较大,但原材料费用在成本中所占比重较大的产品。④在产品按完工产品计算法,适用于月末在产品已接近完工或者已经完工但尚未验收入库的产品。⑤在产品按定额成本计价法,适用于各项消耗定额比较准确、稳定,且各月末在产品数量变化不是很大的产品。⑥定额比例法,适用于各项消耗定额比较准确、稳定,但各月末在产品数量变化较大的产品。⑦约当产量比例法,适用于月末在产品数量较多,各月数量变化也较大,且产品成本中各项成本项目的比重相差不多的产品。

六、会计业务题

题(一)参考答案:

D公司本期末资产负债表填列结果如下:

资产负债表　　　　　　　　　　　金额单位:元

资产	年初数	期末数	负债和所有者权益	年初数	期末数
流动资产:			短期借款	200000	150000
货币资金	304000	491000	长期借款	400000	200000
应收账款	120000	30000	负债合计	600000	350000
存货	550000	250000	所有者权益:		
长期资产:			实收资本	900000	1100000
固定资产	700000	980000	未分配利润	174000	301000
资产合计	1674000	1751000	负债和所有者权益合计	1674000	1751000

题(二)参考答案:

(1)债券发行

借:银行存款　　　　　　　　　　　3060000

　　贷:应付债券——债券面值　　　　　3000000

　　　　　　　　——债券溢价　　　　　60000

(2)每年末计息并摊销债券溢价

借:财务费用　　　　　　　　　　　160000

　　应付债券——债券溢价　　　　　20000

　　贷:应付债券——应计利息　　　　180000

(3)债券到期还本付息

借:应付债券——面值　　　　　　　3000000

　　　　　　　——应计利息　　　　　　　　　540000
　　贷:银行存款　　　　　　　　　　　　3540000
题(三)参考答案:
要求(1):
借:工程物资　　　　　　　　　　　　480000
　　贷:银行存款　　　　　　　　　　　　480000
借:在建工程　　　　　　　　　　　　480000
　　贷:工程物资　　　　　　　　　　　　480000
借:在建工程　　　　　　　　　　　　97000
　　贷:库存商品　　　　　　　　　　　　80000
　　　应交税金——应交增值税(销项税额)　　17000
借:在建工程　　　　　　　　　　　　58500
　　贷:原材料　　　　　　　　　　　　50000
　　　应交税金——应交增值税(进项税额转出)　8500
借:在建工程　　　　　　　　　　　　40000
　　贷:生产成本——辅助生产成本　　　　40000
借:在建工程　　　　　　　　　　　　124500
　　贷:银行存款　　　　　　　　　　　　124500
借:固定资产　　　　　　　　　　　　800000
　　贷:在建工程　　　　　　　　　　　　800000
要求(2):
借:制造费用　　　　　　　　　　　　170667
　　贷:累计折旧　　　　　　　　　　　　170667
要求(3):
借:固定资产清理　　　　　　　　　　160000
　　累计折旧　　　　　　　　　　　　640000
　　贷:固定资产　　　　　　　　　　　　800000
借:固定资产清理　　　　　　　　　　100000

　　　　贷：银行存款　　　　　　　　　　　　100000
　　借：营业外支出　　　　　　　　　　　　170000
　　　　贷：固定资产清理　　　　　　　　　　170000

要求(4)：该项设备处置对当期利润表的营业利润没有影响。

题(四)参考答案：

要求(1)：

本年度所得税费用和应交所得税＝2904000(元)

要求(2)：

　　借：本年利润　　　　　　　　　　　　　6696000
　　　　贷：利润分配——未分配利润　　　　　6696000

要求(3)：

　　借：利润分配——提取法定盈余公积　　　589600
　　　　　　　　　——提取法定公益金　　　294800
　　　　　　　　　——应付普通股股利　　　1503480
　　　　贷：盈余公积　　　　　　　　　　　　884400
　　　　　　应付股利　　　　　　　　　　　1503480
　　借：利润分配——未分配利润　　　　　　2387880
　　　　贷：利润分配——提取法定盈余公积　　589600
　　　　　　　　　——提取法定公益金　　　294800
　　　　　　　　　——应付普通股股利　　　1503480

要求(4)：该企业年末的未分配利润金额为 3508120 元。

模拟试卷(五)参考答案

一、单项选择题

1. B	2. D	3. B	4. C
5. A	6. D	7. D	8. A

9. B　　　　10. B

二、多项选择题

1. C、D　　　2. A、B、D　　3. A、C、D　　4. B、C、D

5. A、C　　　6. B、C、D　　7. A、C　　　8. A、B、D

三、判断题

1. ×　　　2. ×　　　3. √　　　4. √

5. ×　　　6. √　　　7. √　　　8. ×

四、名词解释

1. 无形资产——是指企业拥有或者控制的没有实物形态的可辨认非货币性资产。

2. 投资——是指企业为通过分配来增加财富,或为谋求其他利益,而将资产让渡给其他单位所获得的另一项资产。

3. 会计凭证与账簿——会计凭证是用来证明经济业务发生,明确经济责任的书面证明。会计凭证是经济业务发生会计循环工作的起点。账簿是根据会计凭证,用来序时地、分类地记录和反映各项经济业务的会计簿籍。它是由具有专门格式,又以一定形式联系在一起的账页所组成。会计账簿是会计凭证的科学归类,又是编制会计报表的基础。

4. 现金等价物——现金等价物是指企业持有期限短、流动性强、易于转换已知金额、价值变动风险很小的投资。

五、简答题

1. 何谓记账程序? 我国企业采用的主要记账程序有哪几种,其主要特点和适用条件是什么?

答:记账程序又称会计核算形式或账务处理程序。它是指在会计核算中,以账簿体系为核心,把会计凭证、会计账簿和会计报表,按照一定的记账程序和方法,相互结合的方式。不同的凭证、账簿组织和记账方法及程序结合在一起,就构成了不同的会计核算形式。我国企业采用的记账程序主要有:①记账凭证记账程序和多栏式日记账记账程序。主要适用于规模较小、经济业务较少的企业和单位。②科目汇总表记账程序和汇总记账凭证记账程序。主要适用于规模较大,经济业务量较多且记账凭证也较多的企业或单位。

2. 企业销售商品确认收入的具体原则包括哪些? 确认收入后实际发生的现金折扣和销售折让的会计处理有何不同?

答:企业销售商品确认收入的具体原则应同时符合以下条件:①企业已将商品所有权上的主要风险和报酬转移给买方。②企业既没有保留通常与商品所有权相联系的继续管理权,也没有对已售出的商品实施控制。③与交易相关的经济利益能够流入企业。④相关的收入和成本能够可靠地计量。企业在确认收入及应收债权时并不考虑以后可能发生的现金折扣和销售折让。现金折扣在以后实际发生时,冲减当期的财务费用;而销售折让在日后实际发生时,冲减当期的营业收入。

六、会计业务题

题(一)参考答案:

A 材料明细账(先进先出法)　　　　金额单位:元

×年		摘　要	收入			发出			结存		
月	日		数量	单价	金额	数量	单价	金额	数量	单价	金额
3	1	期初余额							500	5	2500
	5	购入	600	5.5	3300				500 600	5 5.5	5800
	11	发出				500 200	5 5.5	2500 1100	400	5.5	2200
	15	购入	200	5.7	1140				400 200	5.5 5.7	3340
	18	发出				300	5.5	1650	100 200	5.5 5.7	1690

续表

×年		摘　要	收入			发出			结存		
月	日		数量	单价	金额	数量	单价	金额	数量	单价	金额
	24		800	6	4800				100	5.5	
									200	5.7	
									800	6	6490
	30	发出				100	5.5	550	520	6	3120
						200	5.7	1140			
						280	6	1680			
3	31	本月发生额及月末余额	1600		9240	1580		8620	520	6	3120

A 材料明细账(月末一次加权平均法)　　　　金额单位:元

×年		摘　要	收入			发出			结存		
月	日		数量	单价	金额	数量	单价	金额	数量	单价	金额
3	1	期初余额							500	5	2500
	5	购入	600	5.5	3300				1100		
	11	发出				700			400		
	15	购入	200	5.7	1140				600		
	18	发出				300			300		
	24		800	6	4800				1100		
	30	发出				580			520		
3	31	本月发生额及月末余额	1600		9240	1580	5.59	8832	520	5.59	2908

题(二)参考答案:

(1)借:委托加工物资　　　　　　　　　　200000

　　贷:原材料——甲　　　　　　　　　　　　200000

(2)借:委托加工物资　　　　　　　　　　70000

　　　　　贷:银行存款　　　　　　　　　　　　70000

　(3)借:应交税金——应交增值税(进项税额)　11900

　　　　委托加工物资　　　　　　　　　　　30000

　　　　　贷:应付账款　　　　　　　　　　　41900

　(4)借:库存商品　　　　　　　　　　　　300000

　　　　　贷:委托加工物资　　　　　　　　　300000

题(三)参考答案:

要求(1):甲企业

借:预付账款　　　　　　　　　　　　　300000

　　贷:银行存款　　　　　　　　　　　　300000

借:库存商品　　　　　　　　　　　　　500000

　　应交税金——应交增值税(进项税额)　85000

　　营业费用　　　　　　　　　　　　　20000

　　贷:预付账款　　　　　　　　　　　　605000

借:预付账款　　　　　　　　　　　　　305000

　　贷:银行存款　　　　　　　　　　　　305000

借:应收账款　　　　　　　　　　　　　702000

　　贷:主营业务收入　　　　　　　　　　600000

　　　　应交税金——应交增值税(销项税额)　102000

借:主营业务成本　　　　　　　　　　　500000

　　贷:库存商品　　　　　　　　　　　　500000

要求(2):乙企业

借:银行存款　　　　　　　　　　　　　300000

　　贷:预收账款　　　　　　　　　　　　300000

借:预收账款　　　　　　　　　　　　　605000

　　贷:主营业务收入　　　　　　　　　　500000

　　　　应交税金——应交增值税(销项税额)　85000

　　　　银行存款　　　　　　　　　　　　20000

借:主营业务成本　　　　　　　　　　　　350000
　　贷:库存商品　　　　　　　　　　　　　　　350000
借:银行存款　　　　　　　　　　　　　305000
　　贷:预收账款　　　　　　　　　　　　　　　305000

要求(3):甲企业上述销售产生的主营业务利润为100000元;乙企业上述销售业务产生的主营业务利润为150000元。

题(四)参考答案:

要求(1):

借:生产成本——甲　　　　　　　　　　300000
　　制造费用　　　　　　　　　　　　　　20000
　　贷:原材料　　　　　　　　　　　　　　　320000
借:生产成本——甲　　　　　　　　　　114000
　　制造费用　　　　　　　　　　　　　11400
　　贷:应付工资　　　　　　　　　　　　　　110000
　　　　应付福利费　　　　　　　　　　　　　15400
借:制造费用　　　　　　　　　　　　　12000
　　贷:累计折旧　　　　　　　　　　　　　　12000
借:制造费用　　　　　　　　　　　　　11972
　　贷:银行存款　　　　　　　　　　　　　　11972
借:生产成本——甲　　　　　　　　　　55372
　　贷:制造费用　　　　　　　　　　　　　　55372
借:库存商品　　　　　　　　　　　　　469372
　　贷:生产成本——甲　　　　　　　　　　　469372

要求(2):本月生产甲产品的总成本为469372元;单位成本为86.60元。

阅读参考书目

1. 葛家澍、刘峰:《会计学导论》,立信会计出版社,1999年。

2. 张文贤:《会计学》,复旦大学出版社,1999年。

3. 陈信元:《会计学》,上海财经大学出版社,2000年。

4. 葛家澍、余绪缨:《会计学》,高等教育出版社,2000年。

5. 吴水澎:《会计学原理》,辽宁人民出版社,2000年。

6. 中华人民共和国财政部:《企业会计制度》,经济科学出版社,2001年。

7. 魏明海、谭燕:《基础会计学》,广东人民出版社,2002年。

8. 娄尔行:《基础会计》,上海财经大学出版社,2002年。

9. 阎达五、于玉林:《会计学》,中国人民大学出版社,2003年。

10. 杨雄胜:《会计学概论》,南京大学出版社,2003年。

11. 葛军:《会计学基础》,科学出版社,2004年。

12. 黄慧馨、伍利娜:《会计学基础》,北京大学出版社,2004年。

13. 陈少华:《会计学原理》,厦门大学出版社,2004年。

14. 伍中信:《基础会计学》,中南大学出版社,2004年。

15. 刘峰:《会计学基础》,高等教育出版社,2005年。

16. 中华人民共和国财政部:《企业会计准则.2006》,经济科学出版社,2006年。